もっと知りたい！

あなたの番です

オフィシャル考察ブック

INDEX

とあるマンションに引っ越してきた、
一組の新婚夫婦。
マイホームを手に入れ
「穏やかで、幸せな暮らしが待っている」
そう信じていた。

しかし……。

〝交換殺人ゲーム〟をきっかけに始まる、
動機なき殺人の連鎖。

そして次は、

〝あなたの番です〟

CAST

原田知世　田中 圭

西野七瀬　横浜流星　浅香航大　奈緒　山田真歩
三倉佳奈　大友花恋　金澤美穂　坪倉由幸（我が家）
中尾暢樹　小池亮介　井阪郁巳　荒木飛羽　前原 滉

袴田吉彦　片桐 仁　真飛 聖　和田聰宏
野間口 徹　林 泰文　片岡礼子　皆川猿時

田中哲司　徳井 優　田中要次　長野里美
阪田マサノブ　大方斐紗子　峯村リエ

竹中直人　安藤政信

木村多江　生瀬勝久

第5話

翔太「そんなに一杯喋らないでよ」

菜奈「え？」

翔太「一言、〝信じて〟って言ってくれれば、信じるよ。……言ってくれなくても信じてたし」

菜奈「……ごめん」

翔太「その代わり、俺、嘘だとしても信じるからね？　全部信じるから。菜奈ちゃんが言うことは、全部、俺にとっては真実になるから。そういう覚悟は持っててよ？」

菜奈「……。……（手を組んで）なにも隠してない。信じて」

翔太「……、……わかった。信じる」

第7話

尾野　唐突に立ち止まって、

尾野「……私のこと捨てるんですか？」

翔太「は？」

尾野「飽きたらポイ捨てですか？」

翔太「……待って、どういう……、え、僕は別に、」

尾野「付き合ってるつもりなかった、とか言わないでください
よ？」

翔太「……は？　だって、結婚してるし」

尾野「……最低」

翔太「……ええ。……だって、俺、菜奈ちゃん大好き男だから」

尾野「怖いから」

翔太「なに？」

尾野「こういう捨てられ方した時の私、怖いから」

尾野、涙を湛えて走り去る。

翔太「ちょっと！……ええ、ウソでしょお

第10話

50 同・駐車場

早苗「はい、みなさん、いいですかー？ このミキサーの刃を
よーく見てくださーい」

正志「は？」

一同「？」

早苗「集中してぇ!! みなさんはこのミキサーが止まる時には、
今みてることの記憶をなくしてますよぉ

早苗、明らかにおかしくなってる。

正志「なに言ってんだよ、もういいよ」

早苗、狂っているが、必死で健気な懇願。

第17話

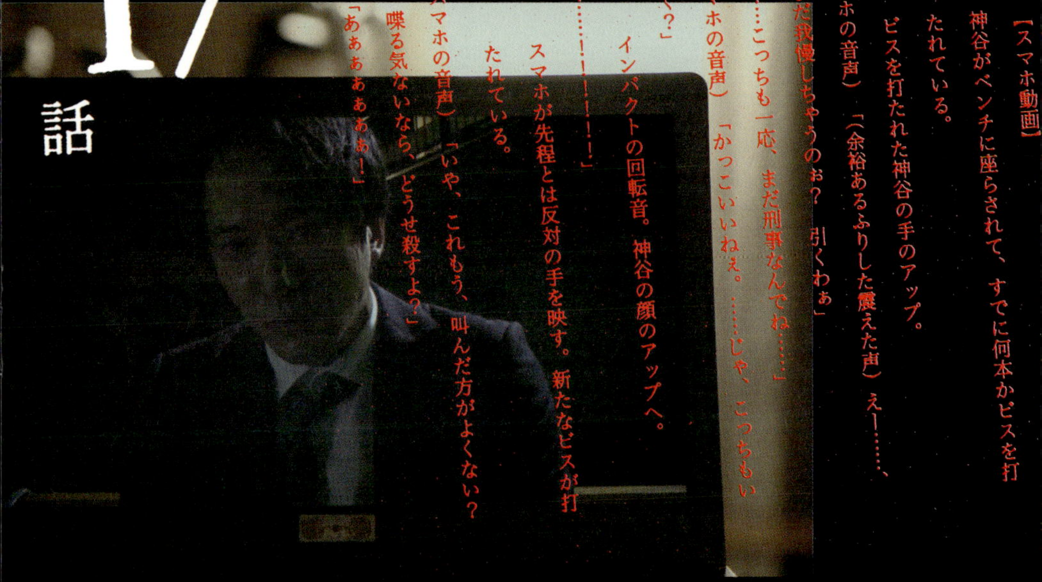

【スマホ動画】

神谷がベンチに座らされて、すでに何本かビスを打たれている。

ビスを打たれた神谷の手のアップ。

内山（スマホの音声）「（余裕あるふりした震えた声）えー……、
まだ我慢しちゃうのぉ？ 引くわぁ」

神谷「……こっちも一応、まだ刑事なんでね……」

内山（スマホの音声）「かっこいいねぇ。……じゃ、こっちもいくぅ？」

インパクトの回転音。神谷の顔のアップへ。

神谷「……!!!!!」

スマホが先程とは反対の手を映す。新たなビスが打たれている。

内山（スマホの音声）「いや、これもう、叫んだ方がよくない？
喋る気ないなら、どうせ殺すよ？」

神谷「あぁぁぁぁぁ！」

第15話

35

黒島の病院・病室

眠っている黒島の傍に二階堂が付き添っている。

×　×　×

二階堂「……」

二階堂、黒島の髪に触れ、匂いを嗅ぐ。そして酸素マスクの上からキスをする。

その瞬間、黒島が目を覚ます。

二階堂「……!?」

黒島「……二階堂さん？」

第20話

翔　太「殺した方がいいだろ、こんな、おかしい奴」
黒　島「……我慢する方がおかしいでしょ？」
翔太・二階堂「……」
黒　島「好きなの！　人を殺すのが！　止められないの！　誰かを殺すこと考えると、身体の奥の方から力が湧いて来るの！　感動するの！　泣けてくるの！　生きてる意味があるなって思えるの！　それ、おさえなきゃダメ？」
翔　太「人殺しは良くないって、自分でも言ったろ？」
黒　島「じゃあ翔太さん、菜奈さんを好きになるの止められる？　死んでもまだ好きでしょ？」
翔　太「それとこれとは、」
黒　島「結局、不倫でしょ？……法律的、社会的、倫理的にダメなことなのに愛したんでしょ？」
翔　太「……知らなかったし、籍が入ったままって」

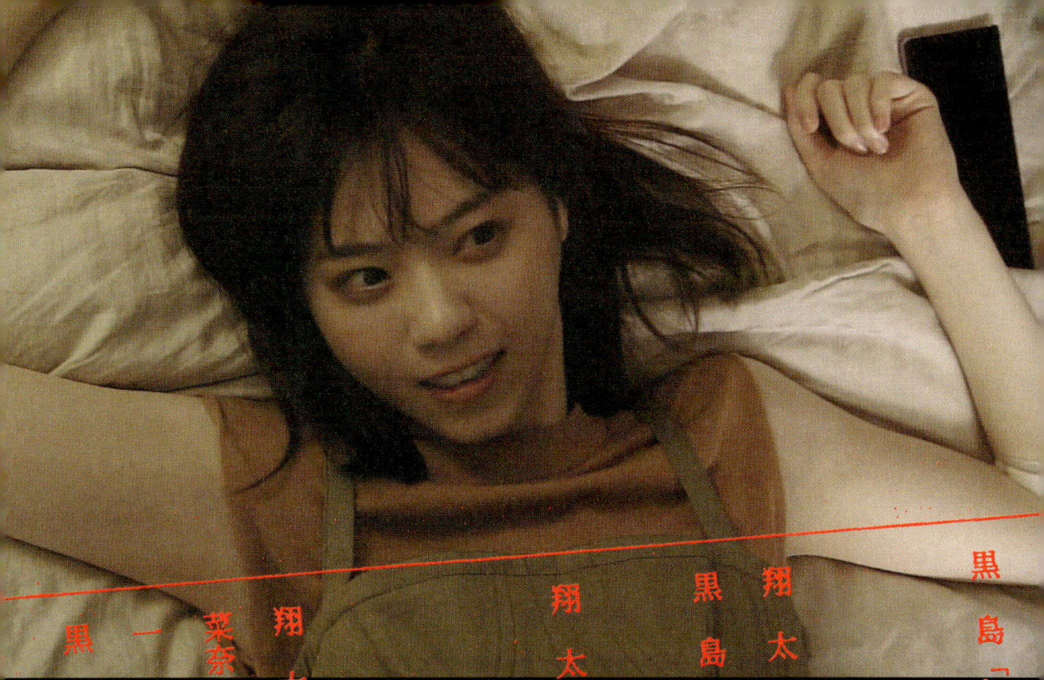

黒島「知ってたら愛さなかったの？　世間のルールの範囲
菜奈さんを愛して、そこをはみだしたら、愛するのをや
めちゃうの？」
翔太「……やめるわけないよ」
黒島「ほら、同じだよ！　私は、人を殺すことを愛してるの。
やめられないよ！」
翔太「……俺が、菜奈ちゃんを思う気持ちと、君が、人を殺し
たいって思う気持ちが一緒？」

翔太、再び、前傾姿勢になり、ダーツを近づける。

※膝下で、ＡＩ菜奈ちゃんが起動する。

翔太「菜奈ちゃんは、そんな……」
菜奈（ＡＩ）「どうしたの？　翔太君」
一同「!?」
黒島「……何かを強く愛してるって意味では、私も翔太さんも
一緒ですよ」

42人の重要参考人

登場人物紹介

凄惨な事件の舞台となってしまう「キウンクエ蔵前」。それぞれに怪しい秘密を隠し持つ、マンションの全住民と事件に関わる重要人物たちを網羅！

○＝交換殺人ゲーム参加者

403

藤井淳史 (43)
片桐 仁

404

江藤祐樹 (23)
小池亮介

303

空室

304

北川澄香 (42)
真飛 聖

北川そら (5)
田中レイ

新住人

二階堂 忍 (25)
横浜流星

203

シンイー (22)
金澤美穂

クオン (21)
井阪郁巳

イクバル (45)
バルビー

204

西村 淳 (38)
和田聰宏

103

田宮淳一郎 (58)
生瀬勝久

田宮君子 (55)
長野里美

104

石崎洋子 (35)
三倉佳奈

石崎健二 (39)
林 泰文

石崎文代 (9)
田村海優

石崎一男 (6)
大野琉功

501
佐野 豪(42)
安藤政信
502
赤池美里(50)
峯村リエ
赤池吾朗(52)
徳井 優
赤池幸子(78)
大方斐紗子
新住人
南 雅和(50)
田中哲司
401
木下あかね(38)
山田真歩
402
榎本早苗(45)
木村多江
榎本正志(48)
阪田マサノブ
榎本総一(14)
荒木飛羽
榎本
サンダーソン正子(45)
池津祥子
301
尾野幹葉(25)
奈緒
302
手塚菜奈(49)
原田知世
手塚翔太(34)
田中 圭
201
浮田啓輔(55)
田中要次
妹尾あいり(21)
大友花恋
柿沼 遼(21)
中尾暢樹
202
黒島沙和(21)
西野七瀬
101
久住 譲(45)
袴田吉彦
102
児嶋佳世(42)
片岡礼子
児嶋俊明(45)
坪倉由幸

事件に関わる重要人物たち

管理人

床島比呂志（60）
竹中直人

新管理人

蓬田蓮太郎（25）
前原 滉

所轄刑事

神谷将人（26）
浅香航大

水城洋司（48）
皆川猿時

菜奈の夫

細川朝男（45）
野間口 徹

看護師

桜木るり（25）
筧 美和子

黒島のストーカー

内山達生（21）
大内田悠平

「キウンクエ」名前に隠された秘密

キウンクエ[chiunque]はイタリア語で「誰でも」という意味。「誰でも歓迎するマンション」という意味にも思えるが、交換殺人ゲームを始めるきっかけとなった「誰だって一人くらいは殺したい人がいる」という言葉も連想させる。

住人たちが暮らす部屋の構造

ダイニング

対面式キッチンの前にダイニングテーブルがセットされている翔太の部屋。ダーツボードや菜奈が完成させたジグソーパズルは、この手前側の壁にかかっている。

リビング

各住人ともにソファを置いていることが多いが、佐野はダイニングとリビングの間をビニールカーテンで仕切り、柵の中で本山幹子（ワニ）を飼っていた。

ベッドルーム

榎本家では入口を本棚で隠し、息子の総一を軟禁していた。赤池家では幸子の部屋となっており、翔太の家では菜奈の遺体が発見された現場となった。

交換殺人ゲーム

書いた紙&引いた紙 最終版

連続殺人のきっかけとなった、「交換殺人ゲーム」。参加者はそれぞれ誰の名前を書き、どの紙を引いたのか？　そして誰が嘘をついたのか？　犯人を推理するうえでもっとも重要なアイテムとなった「紙」の一覧を掲載。

ゲーム参加者	書いた紙	引いた紙
101　久住譲	袴田吉彦	細川朝男
103　田宮淳一郎	こうのたかふみ	~~ゴミの分別ができない人~~ 波止陽樹
104　石崎洋子	石崎洋子	吉村
201　浮田啓輔	赤池美里	赤池幸子
202　黒島沙和	~~早川教授~~ 波止陽樹	~~織田信長~~ 赤池美里
203　シンイー	タナカマサオ	袴田吉彦
301　尾野幹葉	白紙	石崎洋子
302　手塚菜奈	細川朝男	こうのたかふみ
304　北川澄香	児嶋佳世	白紙
402　榎本早苗	~~初恋の人~~ 管理人さん	~~電車の席を譲らない人~~ 山際祐太郎
403　藤井淳史	山際祐太郎	タナカマサオ
502　赤池美里	赤池幸子	児嶋佳世
管理人 （床島比呂志）	吉村	管理人さん

Key person #1

手塚菜奈役

原田知世

物語の途中で犯人によって殺害されてしまうヒロイン・手塚菜奈を演じ、『―反撃編』では〝AI菜奈ちゃん〟として翔太を見守った原田知世。彼女が感じた田中圭の魅力や本作の面白さとは？　番組が終了した今だから話せる、裏話も語ってもらった。

翔太とのシーンはアドリブ満載 自分の驚きが菜奈の驚きになった

民放の連続ドラマ出演は13年ぶりとなった原田知世。しっかり者のお姉さんだけど、どこか抜けている…そんな愛らしいヒロイン・手塚菜奈をキュートに演じた。

「最近の日本のドラマではなかった2クールの作品ということにまず驚きました。マンション内で始まる交換殺人ゲーム。最初に10話までのプロットを読ませていただいたのですが、緻密に書かれたストーリーに引き込まれて、読み始めたら一気に最後まで読んでしまいました。まさに、ノンストップ・ミステリー。ドラマ化されたら、きっと毎週楽しみにしてもらえる作品になると思いました」

プロットの段階から書かれていたのが、視聴者の誰もが想像もしていなかった、第10話のラストでの菜奈の死。

「主人公なのに！と驚きましたし、それがすごく斬新で、面白いなと思いました。10話のこのエピソードで、『このドラマは普通じゃない』と気づいた人も多かったと思います。

菜奈ちゃんが死ぬということは当たり前ですが誰にも言えず、すごく周囲の反応を楽しみにしていました。10話は姪と一緒に見ていたのですが、テレビではなく彼女の表情ばかり見ていました。最初はニコニコしていたけど、翔太くん（田中圭）が部屋に入ってくるあたりから顔が真剣になって、ラストで死んでいる菜奈ちゃんを見つけたときは、一瞬、間があって『えっ!? 夢だよね』って（笑）。この作品を見てくださったみなさんも、そんな感想を持たれたのではと思います。そうやって見ている人をいい意味で裏切る…演じ甲斐がありました」

翔太役は田中圭だと聞いて「ずいぶんと年の差があるな」と思ったそう。

「以前、ドラマで共演させていただいたときは、回想シーンで親子の設定でした（笑）。なので、まさか夫婦役とは思いもしなかったです。

でも、台本を読んでいくと夫婦像がすんなりと入ってきました。菜奈ちゃんはとても真面目で、ちょっと考えすぎるところや、それでいて抜けているところもあるチャーミングな女性。あまり深くは描かれませんでしたが、きっと前の結婚でいろいろあり、そのときに自分の心を押し込めて、頑なになってしまったところがあるのだと思います。そんな彼女が、無邪気で心のままに自分を表現できる翔太くんと出会ったことで、少しずつ変化が出てきた。この変化をもたらしてくれた翔太くんに魅力を感じるのは、私もわかります」

翔太の愛はストレートで、表現もまっすぐ。彼とのラブラブシーンも話題になった。

「台本を読んだときはどんな感じになるだろう?と思っていることも、現場に入って圭さんとお芝居しているうちに、2人らしい微笑ましさのあるシーンが生まれることがたくさんありました。たとえば、テーブルを挟んでの会話のはずだったのですが、圭さんがアドリブでテーブルを乗り越えてきたことがありました。思いもよらないお芝居で驚いたのですが、とても変な体勢で迫ってくる（笑）。『翔太くん!?』とびっくりしつつも、そんな彼にうれしそうに振り回される菜奈ちゃん。2人の距離感や幸せな感じが自然と表れたシーンでした。

　圭さんとのお芝居は毎回楽しみでしたし、たくさん刺激ももらえました。翔太くんを一言で表すと、大型犬の子犬。子犬のようにうれしくなったらすぐに飛びついてくるのですが、体が大きくって（笑）。菜奈ちゃんは、抱きしめられてるときも反り返っていたり、ブンブン回されていたり…。そんななかでも必死に翔太くんを抱きしめようとしている感じが菜奈ちゃんらしいところです」

　翔太の人懐っこさやストレートな物言いは、田中圭に通じるものがあった。

「最初の打ち合わせでお会いしたときの圭さんは、部活終わりにシャワーでさっぱり汗を流した後の男の子のような、そんな清々しさがありました。いつも自然体な方で、どう見られるとか、どう見せたいとかの装飾を、すべて外してその場にすっと立っているような人。これができる人は、人としても役者としても強いと思います。だから彼の言葉には嘘がない。言葉通りというか、それ以上でもそれ以下でもない。すごく素直であり、誠実さがある人だと思います。さりげなく周りの人を思いやるやさしさも持ってらっしゃるので、お仕事した人が彼のことをみんな好きになる気持ちもよくわかります」

殺害されるシーンでの絶望感 味わったことがない感情でした

原田演じる菜奈が住んでいたマンション・キウンクエ蔵前。個性派ぞろいの住民を演じたのは、竹中直人、生瀬勝久ら実力派俳優たち。

「個性的なキャラクターが続々と登場する脚本は本当に素晴らしくて、それをキャストのみなさんが見事に超えていって。キャラクターがよりリアルになっていくのをそばで見ているのはとても楽しかったですし、勉強になりました。印象的だったのは住民会。私はクランクインするまでにどんどん緊張してしまって、初日はもう逃げ出したいと思うくらい。そんななか、みんなが集まる初めての現場が住民会でした。

後から聞いたら、他のキャストのみなさんも緊張されてたそうなのですが、竹中さんが、そんな空気を笑いでほぐしてくれて、芝居の合間は、みんなずっと笑ってました。初めてという方も多かった現場だったのですが、竹中さんがひとりひとりをつなげてくれた感じですね。

それ以降は、住民会のシーンがすごく楽しみになりました。ただ、私は死んでしまったため途中から参加できず…。テレビで見ながら、住民会を懐かしく思っていました。ここまでみんなと仲よくなる現場というのはすごく珍しいかもしれませんね。2クールと長かったこともありますが、みんながこの作品を本当に楽しみながら作っていたのが大きかったと思います。

撮影の合間も狭い休憩場所でぎゅうぎゅうになりながら、それぞれおしゃべりしたり、いつも笑いの絶えない和やかな現場でした」

どんな現場も座長の雰囲気によって空気は変わるもの。年代も幅広い出演者が集まる現場で、座長としてどのようなことを心掛けていたのか。

「できるだけみんなが気持ちよく過ごせるように心を開こうと思いました。スタッフやキャスト、誰に対しても同じように心の扉を全開で（笑）。圭さんの力も大きかったですね。彼がすごく自然体で現場にいて。決して引っ張るわけではないんですが、周りを愛情をもって見つめてさりげなくフォローしてくれる。すごく心地よい現場でした」

『―反撃編』からは、いち視聴者としてドラマを楽しんでいたそう。

「ほかのキャラクターについては知らないことも多くて、いろいろ考察していました。台本は（『―反撃編』も）一応いただけるのですが、もう読んだら先がわかってしまうし…と、読みたいのか、読みたくないのか、わからなくなってしまって（笑）。それくらいハマっていました。

同時に、『―反撃編』は翔太くんがあの怒り、悲しみをどう乗り越えていくのか、そこもとても気になってました。翔太くんの姿を観てるだけで苦しくなるシーンもありました。

菜奈ちゃんの声で話す〝AI菜奈ちゃん〟ですが、意外な形での再登場に私も驚きました（笑）。でも、あれもすごく切なかったですね。やはり、AIなので会話のキャッチボールができない。だから、翔太くんが話しかければかけるほど、彼女はいないということに気づかされる。悲しくて、とても残酷なことのようにも思えました。

でも、最終的には、あの菜奈の声が翔太を導く形になるので、短いセリフばかりでしたが、一言ずつ思いをこめて録音しました」

『―反撃編』で黒島（西野七瀬）によって菜奈が殺害されたことも明らかになる。長年女優をやっている原田だが、これまでに味わったことのない感情が生まれた撮影だったと振り返った。

「苦しかったですね。菜奈ちゃんと翔太くんの馴れ初めを描いた『―特別編』をその直前に撮っていたということもあり、翔太くんの存在がどんどん大きくなって、離れたくない気持ちでいっぱいでした。そんな菜奈ちゃんの感情を想像してこのシーンを演じるともうつらすぎて、演じていながらしばらく震えが止まらなくなってしまいました。西野七瀬ちゃん演じる、黒島ちゃんの淡々とした態度もよりリアルでした。途中からは芝居ではなく、もうただの恐怖しかない。これまで経験したことがない絶望を感じました」

〝演じる〟というよりもっと深いところでキャラクターとリンクできたという原田。そんな貴重な体験ができた『あな番』は、彼女にとってはどういう存在になったのだろうか――。

「これからの自分へ、たくさんの勇気をくれた作品です」

はらだ・ともよ　11月28日生まれ、長崎県出身。連続テレビ小説『半分、青い。』（NHK総合）など数多くの映画やドラマに出演するほか、音楽活動も精力的に行っている。アルバム『Candle Lights』が発売中。

Key person #2

手塚翔太役

田中 圭

座長として6カ月間、ドラマを盛り上げた田中圭。そんな彼が演じた手塚翔太の魅力とは？　翔太と菜奈の馴れ初めが語られた『―特別編』への思いやドラマ作りで大事にしていることなどを直撃。そこにはアツい思いが秘められていた。

翔太と菜奈の愛を描く『―特別編』がすごく大事だった

次々と殺人事件が起こる第Ⅰ章と、犯人を見つけていく『―反撃編』を2クールで放送した『あなたの番です』。主人公・手塚翔太を演じた田中圭は「すごい挑戦だと思いましたし、それだけで面白そうだと思いました」と振り返った。

「2クールという長い期間で一つの作品を放送することもあまりないですし、ワンシチュエーションではないですが、マンションという限られた空間で繰り広げられるミステリーというのも日本のドラマっぽくないなと感じました。そのうえ、菜奈ちゃん（原田知世）が途中で死ぬということも知っていたので…。そんな面白そうな作品、ぜひやりたいと思っていました。

毎回誰かが死んだり、何か大きな出来事が起きていく第1章に比べ、『―反撃編』は翔太が事件に対峙していく物語なので、人間ドラマとして成立させなければいけないなと思って演じていました。ただ、翔太同様、僕も菜奈ちゃんが死ぬことが本当に嫌で。10話の台本なんて、じつは1回しか読んでいません。それくらい悲しかったです」

翔太が全身全霊で愛したのは、原田知世演じる〝年上の妻〟菜奈。その愛しっぷりも話題に。

「この部分に関しては、最初はやりすぎなほどやって、あえて後半の喪失感とのギャップを出そうと、監督と考えました。ここ、結構難しかったんです。だって、菜奈ちゃんの元夫・細川（野間口徹）をアニキって慕うんですよ。その気持ちは僕にはわからない。そこは、監督や福原（充則）さんの脚本を信じました。実際に台本を読んで考えるより、現場に立った感覚で演じたほうが違和感がなかったです。菜奈ちゃんを演じた知世さんがなんていったってステキな人！翔太が菜奈ちゃんに向ける愛情や好きという気持ちは、僕が知世さんに向ける気持ちとリンクさせて作っているところは絶対あります」

2人のシーンで印象に残っているのは、第Ⅰ章と『―反撃編』をつないだ『―特別編』。

「10話まで見ていると、2人の仲がいいことはわかるのですが、菜奈ちゃんは翔太に嘘をついていたり、なぜこんなに惹かれ合っているのかとか、翔太が菜奈ちゃんを好きになったきっかけは語られていません。

『─反撃編』からは、翔太は菜奈ちゃんへの思いを原動力にして犯人探しを始めるわけですから、その愛はブレてはいけないんです。どんなことでも揺るがない2人の関係を伝えることができるのが『─特別編』。僕の中ですごく大事な位置にありました。

多くを語らないけれど、恋をしていく2人の雰囲気が、あの『─特別編』からは伝わってくるんです。だから、2人を見ていたら応援したくなるし、翔太の気持ちもわかるはず。嘘とかそういうものは関係なく、ものすごく愛し合っている2人を表現できたと思います。でも、あのとき、プレッシャーから風邪をひいてしまって。菜奈ちゃんにプロポーズをするシーンは、高熱を出していました（笑）。でもそれくらい力を入れていた回でした」

底抜けに明るく、誰に対しても愛がある翔太。彼を演じながら、エールを送っていたそう。

「翔太はあんまり悪いことをしていないのに、こんなにいろんなことが起きて、不憫でかわいそうだなと思っていました。でも、それに負けないくらいすごくいい人で。そこは憧れるし、彼の強さです。そんな翔太のすごさを感じるのが、ラストの黒島（西野七瀬）を抱きしめるところ。台本を読んでいるときは菜奈ちゃんを殺した憎い犯人にどうして?と思っていたのですが、翔太になってカメラの前に立つと、自然と体が動きました。理屈とかはないんですが、それがすごく翔太らしい行動で。彼としては、黒島のことも受け入れているのではないかなと思います。すごい男ですよ」

芸達者な方が多く現場が楽しかった 放送もすごく面白かった

西野七瀬や横浜流星ら出演者からも、座長・田中が作る現場はやりやすかったとの声が。

「僕は座長としてみんなを引っ張っていこう、とは考えていなかったですね。ただ、『─反撃編』はなーちゃん（西野）と流星との3人のシーンが多くなるので、ほとんど会話がないのもどうだろう?と考え、みんなとスタッフとで食事に行きました。僕の勝手な思い込みなのですが、改まった顔合わせをするくらいなら、みんなで一緒に食事へ行ったほうがいい作品を作れるのではないかなと思っていて。やっぱり、距離感が近いほうがいろいろやりやすいです。作品は現場で作られるものですから。台本でいろいろ考えていても、相手の出方によって変わってきますし。そういう意味では、すごく楽しく刺激的な現場でした。尾野ちゃんを演じた奈緒なんて、昔から知っているのですが、久しぶりに会ったらすごく成長していて。昔は、台本以外のことをすると動揺するのでなるべく本に沿った演技をしていたのですが、今回は『なんでもあり』かなって。12話で勝手に部屋に入っていた尾野ちゃんを追い出すシーンで、彼女が『怖ーい怖い』と歌いながらダンスしていましたが、あれなんてじつは僕のムチャ振りから始まったんです(笑)。

もちろん失敗してもフォローするつもりでしたが、あのアドリブで返してきて。やるなと思いました。信頼しているからこそのムチャ振りなのですが、それが普通にできる現場はすごいです。みんな芸達者で、そういうことができる人が本当に多かった。だから現場も楽しかったし、それ以上にオンエアも楽しかったです」

最終回は視聴率19・4%を記録。だが、演者としては、数字はあまり気にしなかったという。

「多分、いいに越したことはないし、視聴率がよければ現場のテンションも上がりますが、基本、あまり数字にはとらわれていないです。

正直、演じる側からするとそんなに大事だと思っていなくて。それよりもどれだけ面白くてみんなの印象に残る作品が作れたかが大切。そういう意味では、この作品は多くの方に見ていただいたうえに面白かった。文句ないです。撮影が始まったばかりの頃は、自分自身あまり納得がいっていないことがあったんです。普通に面白いけど、もっとよくできるんじゃないかなって、勝手に思っていたりして。そうしたらドラマを見た周りの人から逆に『めちゃくちゃ面白い』と言われて、それはすごく励みになりました。今、これだけ面白いと思ってくれるのなら、ここからもっと面白くできるはずって。実際、面白くなったと思います。

このドラマは、〝考察ブーム〟を巻き起こしたと言われますが、これは新しいようで、じつは昔から当たり前のようにやっていたことなんだと思います。僕らが学生の頃、学校で友達とあーだこーだとドラマについて話していたのと同じ。あのときのように、一つのドラマについていろいろ考えて盛り上がってくれたことには驚きました。そしてそれは現場にも跳ね返って、頑張らなければというやる気にもなりました。

『あなたの番です』がそういう作品になったのは、やはりオリジナルだったから。演じている僕らにも先が読めないし、なにがあるかわからない。だからこそ生まれる勢いや面白さがあるんだと改めて気づかされました」

'19年の流行語大賞にノミネートされるなど社会現象を巻き起こした『あな番』。田中にとってどのような作品になったのだろうか。

「翔太という役に出会えたことにも、座長としてこの作品に関わらせていただけたことにもすごく感謝しています。それまでは僕、〝『おっさんずラブ』の田中圭〟だったので(笑)。そういう作品に出会えたことはすごくありがたかったですし、うれしいのですが…。この作品に出たことによって、それだけではないというところを見せられたのは、本当にありがたかったです。役者をやっている以上、どんなにその作品に愛着があっても、やはり次に出る作品がこれまでの作品を超えていかないといけないと思っているところがある。そういう意味で、'19年の代表作として『あなたの番です』と出会えたのは本当にうれしかったです。

続きは?ってよく聞かれるんですが、それはもうスタッフにお任せします! そりゃまたみんなと一緒にやりたいし楽しいと思いますが、またキウンクエ蔵前で交換殺人事件が起きるの?ってなるとおかしいですし(笑)。でも、またやりたいと思う、本当に楽しい現場でした!」

たなか・けい　1984年7月10日生まれ、東京都出身。『おっさんずラブ』(テレビ朝日系)など幅広い作品に出演するほか、バラエティ番組でも活躍。主演映画『ヒノマルソウル〜舞台裏の英雄たち〜』の公開が控える。

オランウータンコラム①

菜奈と翔太の愛の金言集

第1章第10話で突然の死を迎えた手塚菜奈。それまでの翔太の〝菜奈ちゃん愛〟が微笑ましいほど深かっただけに、喪失感を覚えた視聴者も多かっただろう。15歳という年の差を超えた2人の、愛の詰まった会話の数々を振り返る。

第1話

翔太

「まさか、年の差のこと、まだ気にしてる?
15歳差なんてよくある話だよ」

「少し怖いよ、少しだけ…。でも埋まらないじゃない、年の差だけは。これからもずーっと」と不安を告げる菜奈

第2話

翔太

「バレる気づかいは嘘だよ。
でもバレない気づかいは優しさ。
そういう優しさが3つ貯まると
愛になるの」

続けて、「菜奈ちゃんが100歳まで生きるとして、あと、5万4750回、あなたは僕に優しくできます」

第3話

翔太

「俺さ、好きっていうのは
同じ歯ブラシを一緒に
使うことだと思ってました」

事件のことでボーッとして、翔太の歯ブラシを間違って使った菜奈への翔太の慰めの一言

第3話

翔太

「いまのどっちのお腹?」

菜奈

「わかんない」

翔太

「わかんないよね。どっちのお腹が鳴ったかわかんない
距離に、いつもいたいね。 隠し事も、しない。絶対」

交換殺人ゲームのことを話せず、考え事をすることが多くなった菜奈が心配になる翔太

第4話

翔太

「でも万が一、…万が0.1、
菜奈ちゃんが俺の名前を紙に書いてたとして、
それが本当に菜奈ちゃんが望むことなら、
俺、死んでもいいです」

菜奈の戸籍上の夫である細川に、交換殺人ゲームで菜奈が「翔の名前を書いちゃったとか!?」と言われて

ORANGUTAN COLUMN

第7話

翔太

「菜奈ちゃんと一緒にいるとね、いつまでも終わらない
夏休みを過ごしている、みたいな気持ちになるのね。
だから、俺たちに8月31日は来ないの」

離婚のことを後回しにしにしていたと謝る菜奈に。「２人で笑って、なんでも乗り越えていこうよ」と続ける翔太

第9話

菜奈

「私、翔太くんだけは守りたいの」

翔太

「一人しか守れないんだったら、
菜奈ちゃんを守る」

「やっぱり引っ越したほうがいいよね」と切り出す菜奈。それに答える翔太。お互いを守りたい気持ちが…

第9話

翔太

「全部、俺の好きが
足りないんだよ。
他に理由があるほうが傷つく。
全部俺のせいにしてほしい」

菜奈「これだけ愛してるって言ってもらってるのに、もっと愛してって言ってるみたいで」
翔太「言われたいよ、もっと愛してって」

第20話

菜奈

「こんなに誰かに愛されたことなくて、
自分がすごく変わっていくのがわかったの。
翔太くんのことはもちろん、自分のことも愛せるようになった。
幸せだったよ。幸せって言葉じゃ表しきれないくらい
幸せだったよ。大好き。いつも笑ってくれてありがとう。
好きになってくれてありがとう。もっと一緒にいたかった。
ありがとう。ごめんね。ありがとう、翔太くん」

死の直前、黒島沙和が撮影するカメラに向かって。菜奈は意識が遠のくなか翔太にキスをして、力尽きる

第20話

AI菜奈ちゃん

「怒ってても抱きしめる人。
それが手塚翔太」

菜奈を殺した犯人の黒島に両手で握ったダーツを振り上げるが、次の瞬間、黒島を抱きかかえて警察に連れて行こうとする翔太に

Key person #3

黒島沙和役

西野七瀬

大人しい女子大生として常に翔太と菜奈のそばにいながら、じつは真犯人だった黒島沙和。この表と裏の二つの顔を持つ、もう一人のヒロインを演じたのが、西野七瀬だ。黒島が抱える闇、考察ブームについて、そして撮影秘話を聞いた。

共通点が多かった西野と黒島 ラストシーンは自然と体が動いた

少し陰がありつつも、可憐でかわいらしい女子大生・黒島沙和。最後まで「真犯人なの…？」と視聴者を惑わせた。

「この役をいただいたときは、私で大丈夫？って思いました。演技の経験もまだまだで、こういう作品に参加できるというだけでうれしかったのに、さらに〝大役〟。驚きというよりも、どうしようという気持ちのほうが強かったです。

犯人とは最初から聞かされていたのですが、最終話までは『普通の女子大生』の部分を意識して演じました。本能的な部分で、時おり闇の部分が表情や行動に出ることもあると思いますが、基本、表面上は意外と普通かなって。パッと見でわからないからこそ、よりその人の底が見えない恐ろしさを表現できるのかなと思います。

役作りという点では、Huluの番外編がすごく助かりました。あの台本を読んでいたら、彼女の葛藤がすごく伝わってきたんです。

ただ…方言が難しかった（笑）。素の私は関西弁なんですが、それともちょっと違う。イントネーションを何度も確認しながら演じました」

撮影中は、「寝る瞬間まで」台本を読み、ひたすらセリフを叩き込んでから臨んでいたという。そのなかで、殺人衝動を除けば、「黒島と自分は近いキャラクターだ」と気づいた。

「口数も多くなく大人しいけど、意外と何事もハッキリさせたいところは似ているかもしれない。ただ私は二つのことを一緒に考え出すとわからなくなっちゃうタイプなので、マンションで殺人を続けながら、その住民のみなさんと仲よくするというのはできないですね。『人を殺すことが好き』という、黒島ちゃんの究極の気持ちもわかってあげられなかった。わからない部分は、いろいろな映画を見て、そういうキャラクターの心の内や表情をひたすら勉強しました。

ラストは、頭で考えながら動くのではなく、自然と体が動いて…。なんか黒島ちゃんが自分に乗り移ったような感じがしました。今でもふとしたときに、あのラストシーンの撮影を思い出すことがあります。それだけ自分にとって大きな出来事だったんだと思います」

回を追うごとに盛り上がった本作。彼女の周辺にも『あな番』ファンが多かったとのこと。

「ドラマ以外の現場で『見ているよ』と声をかけてくださる方が多かったです。その内容も犯人が誰かを聞かれるのではなく、『ドラマ自体を楽しみたいからあまり先々の内容や裏話を話さないで』と言われたりして。それがすごくうれしかったです。私はオンエアを（元乃木坂46の）

伊藤かりんと見ていたんですが、彼女はこれまでドラマをあまり見るタイプではなかったし、ミステリー小説とかも読んでいなかったのに、この作品はドハマりしたみたい。ちょっと裏話でも話そうものなら、『話さないで！』と言われてしまうほど。なのでオンエア中は、テレビの前に座って一喜一憂しているかりんの姿を、後ろから静かに見ていました。見終わったら一緒に見た相手と今後の予想や怪しかった部分を話し合うと思うんですが、『こっちは出ている』『向こうは裏話を聞きたくない』状態だったので、当たり障りのないことしか言えなくって。毎回、早めに解散していました（笑）」

ツイッターの実況や、ネットニュースで話題にのぼったのは、やはり犯人探し。

「ツイッターのコメントや考察されている動画など、ちょこちょこ見ていました。みなさん本当に考えてくださっていて、すごかった。

驚いたのは、こちらとしてはそこまで意味を持たせてした行動ではないのに、ものすごく深読みをしてくださっている方も多かったこと。

もうなにをやっても怪しく見えるんだって思ったら、面白くなりました。だってそんなドラマ、今までなかったと思うんです。多くの人に愛されているって実感しました」

素敵な先輩方との共演は女優人生の大きな糧になる

第1章では、菜奈を演じる原田知世や早苗を演じる木村多江と一緒にいることが多かった。

「交換殺人の紙に、誰が誰を書いたのかを予想するシーンなどで、お2人とご一緒することが多かったです。ただ、前半はまだ自分がきちんと演技ができるのか、ちょっといっぱいいっぱいなところがあって、あまりお話をすることができなかった…。今になると、もう少し自分から話しかけたらよかったなと後悔ですね」

女優としてはもちろん、女性としても魅力的な2人。一緒に演技をしたことは、すごく貴重な体験だったという。

「原田さんの物腰の柔らかい雰囲気や佇まいがすごく女性らしくて、憧れました。なかでも、言葉遣いが素敵。私だとすごく子供っぽかったり、『やべー』とかそういった言葉を使っちゃうんですが、原田さんは絶対そんなことは言わない！　お話ししていて『いいなー』と思っちゃいました。まさに素敵な大人の理想像って感じでした。そんな原田さんへの思いや感謝の気持ちを書いて、『―反撃編』に入るタイミングで、手紙を渡させていただきました。そうしたら撮影が終わったときに原田さんからお返しをいただいたんです！　このお気遣いが改めて素敵だと感じました。

　多江さんは、あの迫力満点の演技を間近で見て、本当にすごかったです。ふだんの多江さんはすごくやさしいのに、スタートがかかったらもう狂気でしかない。演技ではなく、実際に怖いって感じていました。お芝居だとわかっているのに、恐怖を感じたり気持ちが揺るがされるって、普通はできないと思うんです。

　私もいずれそういうお芝居ができる女優になりたい。すごく刺激的で充実した時間でした」

『―反撃編』に入ると、翔太を演じる田中圭、二階堂を演じる横浜流星とのシーンがメインに。

「圭さんとは第1章でも一緒のシーンがあったのですが、私の人見知りが原因で、まったく話ができていなくて。きっとそれだとまずいと感じたのか、『―反撃編』が始まる前に流星くんやプロデューサーの方たちを含めた食事会を、圭さんが開いてくださったんです。本当に、いろいろ気を遣っていただきましたね。座長としての圭さんは、周りをしっかり見ていて本当にすごい。盛り上がるときもすごく盛り上げてくださって、現場の空気からやりやすいように作ってくださるんですよ。その半面、ちゃんと集中しているときは静かに考えていたり。私はすぐに役のことで周りが見えなくなっちゃうので、本当に見習いたいと思いました。流星くんはちょっと私と似ていると感じましたね。お互いに人見知りで、自分から話しかけるタイプでなく…。圭さんにはずっと『暗い、暗い』って言われていました（笑）」

二階堂と出会い、一瞬〝普通の女の子の心〟をとり戻した黒島。

「ヒマワリ畑でのデートのときは、普通の女子大生として楽しんでいたと思います。すごく楽しそうでしたから。でも、どーやん（二階堂）って、ちょっとこじらせていますよね。彼氏としてはどうなんだろう（笑）。

　翔太もちょっと行動が読めないし、愛が濃くて重いですが、どーやんよりいいのかも。翔太は一緒にいるだけで楽しそうですし」

衝撃的なシーンが多かった本作。お気に入りのシーンを聞いてみると意外な答えが。

「赤池さん（峯村リエ）を殺害するシーンかな？服装もパンツスタイルで、素早くリズミカルに動いて殺していくという設定でした。凄惨なシーンなんですが、ダンスを踊っているみたいで、演じていてちょっと楽しかったです。

　浮田さん（田中要次）を背負いながら首を絞めるシーンは、２人の体を固定するためにつけているハーネスの重みと体重とが一気に背骨にのって、大仕事という感じ。でも、怖いという気持ちはあまり感じませんでした。私が視聴者目線で怖いと思ったのは、児嶋佳世さん（片岡礼子）が殺害されていた冷凍工場のシーン。ゴルフバッグに入った右脚は普通に見られたんですが、体全体は怖かった。背筋がサーッと冷たくなりました」

半年間、同じ作品で演技派の俳優たちと共演できたことが貴重な体験だったと語る。

「私の人生において、すごく大きな変化をもたらしてくれた作品です。言葉にすることは難しいですが、人生のグラフがあるとしたら、バッと上がっているはず。一生忘れられないですね。

　もしも続編があったなら…できれば黒島ちゃんに脱走でもしてもらって、また、みなさんを狙いにいきたいと思います（笑）」

にしの・ななせ　1994年５月25日生まれ、大阪府出身。2011年、乃木坂46の１期生オーディションに合格。グループ躍進の原動力となり、2019年２月に乃木坂46を卒業。現在、女優、モデル、MCとしても活躍中。

Key person #4

二階堂 忍役

横浜流星

『―反撃編』から登場し、事件の真相を探るなかで犯人を愛してしまった男・二階堂忍。そんな人間くさく変化していく人物を繊細に演じたのが横浜流星。彼の心の変化や座長・田中圭が作る現場の魅力について語ってもらった。

人間として一番成長したのは二階堂
心の動きを丁寧に演じました

『―反撃編』から登場し、翔太（田中圭）と黒島（西野七瀬）とともに事件の犯人を追う二階堂忍を演じた横浜流星。

「二階堂は人との距離感をつかむのが下手で、壁を作ってしまうタイプ。僕も意外とそういう部分があるので、似ているなって思いました。あと偏食なところも。二階堂みたいに効率を考えているわけではないですが、僕も好きなものばかり食べていたいタイプで、どこか他人とは思えないキャラクターだって最初は思いました」

二階堂については、「登場からラストにかけて、一番変化を見せた人物だったと思う」と言う。

「最初はちょっと機械的な人物というか、自分の気になること以外はまったく見ていないし見えていない人物。それが翔太と黒島と出会い、徐々に人間らしくなって、最後は人のために涙を流せるほどめちゃくちゃ人間くさくなる。その変化は演じるうえで、丁寧に表現しようと思いました。ただ、黒島を好きになっていくこれというきっかけはないんですよ。『好き』というのは彼にはわからない感情なので。匂いに敏感なのに彼女の匂いは全然嫌でないってところで最初の疑問が生まれ、翔太にはっきりと言われて『そうなのかな？』と思い、決定的になったのは14話で黒島が電車のホームから突き落とされたとき。ここからは常に黒島のことを考えて行動しています。

終盤の19、20話で二階堂が揺れ動いて黒島サイドに落ちるのか…という場面があり、視聴者の方は『なんだこいつは？』と思われたと思いますが、実際に二階堂の立場に立ったら、こうなるのも納得です。会うのをやめようとするけど、我慢できずに会いに行ってすべてを聞いてしまう。もうこれは、好きだからしょうがない。で、彼女の本当の気持ちや苦しみを聞いたら、やっぱりなんとかして救ってあげたいって思う。だから僕は、二階堂の終盤の行動は辻褄が合っているし、彼らしいって思っています」

最終話、二階堂が翔太に黒島の話も聞いてほしいと懇願するシーンは多くの人の涙を誘った。

「あのときは全身から二階堂になっていて、自然と涙があふれていました。翔太が黒島に二階堂のよさや変化をいろいろ言ってくれているのを聞いて、『自分のことをわかってくれる人がいる、この人を助けたい』と思ったのが大きいのかな。本当に翔太の大きさに驚かされました」

そんな翔太とのシーンも多く、翔太を演じた田中圭とも、公私ともに仲よくなっていたそう。

「最初は〝田中さん〟だった呼び方が、今では〝圭さん〟ですからね。ここまで親しくなるとは思ってもいなかったです。

現場では、圭さんには引っ張ってもらっていました。毎回、脚本をよりよくするにはどうしたらいいのかってことを考えて、監督や出演者の方たちと話し合いながら作っていく姿を見させていただけたことは、本当に勉強になりました。僕はまだ芝居となると自分のことでいっぱいになってしまうのですが、周りを見る余裕がいい作品を作るんだなって。あと、僕の考えていることも聞いてくれて、二階堂としてやりやすいようにって考えてくれたのもありがたかったです。

じつは最初、途中から現場に入ることが少し不安だったんです。実力派の先輩方の中に入ってどうやっていけるのかって。でも、そういう不安はすぐに解消されました。なんかすごい人たちが集まっているけど、のびのびと芝居ができる現場で。それってやっぱり座長だった圭さんが作ってくれた空気。そこで芝居ができて幸せでした」

実力派の多様な演技も見られて刺激を受ける毎日だった

撮影中はよく一緒にご飯に行き、ときにはダメ出しをされたとのこと。

「ご飯に誘っていただき、いろいろお話をさせていただきました。ダメ出しはクランクアップの日に…。それまでずっと、『流星が二階堂でよかった』みたいなことを言ってくださったんですが、急に『一つだけ言いたいことがある』って言い出して。最終話の翔太を助けた後に二階堂が黒島と話すシーンで、少し弱々しい感じで演技をしていたら、監督に『もうちょっと強めに演じてみて』と言われたんですよ。でも僕としては、二階堂が黒島を好きという気持ちは変わらないのでどうしても強く言えないと考え、監督の話にあまり納得がいかなかったんです。現場ではその意見も汲みつつ演技をしましたが…、それを間近で見ていた圭さんは思うところがあったみたいで、最後にダメ出し。

『あの態度は違う。流星ならそこもちゃんと納得してもうひとパターンの演技を出すと思ったよ』って言われて。圭さんは、現場の意見も受け入れたうえで自分の芝居をしろって教えてくれたんだと思います。芝居は一人で作っているものではないですから。そういうことを直接言ってくださる先輩ってなかなかいないし、よく見てくれているなってすごくうれしかったです」

田中と同じくらい一緒のシーンが多かったのが、黒島を演じる西野七瀬。

「お互い人見知りで最初はほとんど話さなかったんですが、少しずつ距離を縮めていって…。とはいっても、現場でも芝居の話はほぼしなかったです。現場での話は他愛のないものばかりでした。そのなかで今思い出すとかなり謎なのが、休みの日はなにしている?という話で、僕が『壁を見てる』って答えたら、西野さんは『爪を見ている』って答えて。そのときはさすがになんだこれはって(笑)」

翔太と一緒に真相を探していく二階堂。視聴者にとっては"絶対犯人じゃない人"だったにもかかわらず、黒島に恋したことから一気に怪しい人に。

「先が見えずにみんなで作っていく感じは原作ものにはないオリジナル作品ならでは。第1章を見ているときは、出演が決まっていたし犯人も知っていたのにもかかわらず、ドキドキしました。あの謎がどんどんちりばめられていく感じはたまらない。そしてちりばめられたものを回収していくのも面白かったです。

ちなみに驚いたのは、13話で判明した二階堂の強さ。どちらかといえばオタクな感じで役作りをしてきたのに、いきなり翔太を助けるために回し蹴りをすることを知ったときは、役作り間違えた!?と思ったほど。それくらい衝撃的でしたが、同じように視聴者の方も驚いたようで、結構話題になってありがたかったです。ちなみに二階堂が強いことがわかり、あのマンションで尾野ちゃん(奈緒)や変な人に言い寄られても全員倒せるって気持ちが楽になりました(笑)」

回し蹴りのシーンは、田中圭をはじめとするギャラリーも多かった。

「テストのときからみなさんが『おぉー』って言ってくれて。恥ずかしさもありましたが、うれしかったです。出演者の距離感が近いというか、みんな現場で反応してくれるんですよ。あのシーンは、普通に空手をする感じでやったんですが、足のスピードが速いって言われて。やはり実践と映像で見せるというのは違うんだって思いました。映像はスピードというより、迫力をもたせて見せるのが大事。これもすごく勉強になりました」

現場は常に学びの場だったと言う横浜。

「演技派と呼ばれる実力者ばかりが揃う現場ってそうないですし、すごく贅沢です。それこそ第1章はいち視聴者だったんですが、もうみんなの演技バトルはすごく面白かった。僕は基本、翔太と黒島とのシーンが多く、あまりみなさんと一緒に芝居はできなかったのですが、住民会のシーンは楽しくって。もうみんな自由で笑いをこらえるのに必死なところはありました。

一番勉強になったし、驚かされたのは、みなさんの引き出しの多さ。これでもかってくらい芝居の引き出しがあって、それを惜しみなく見せてくださる。それを見て、未熟者の僕はこれからもっと引き出しを増やしていかなければいけないなと感じました」

「この作品は自分にとって財産」と語る横浜。

「これまでいろいろな作品に出演させていただいたんですが、一番『見たよ』っていう声が多かったんです。もう僕の周り、みんな見ているんじゃないの?ってくらいの勢いで。それこそ放送が終わるたびに『犯人は誰?』とか、終盤なんて『まさかオマエが犯人なのか!?』みたいなことを言われましたね。そういう作品に出演でき、ステキな出演者の方と出会えて、本当に僕にとって宝物になりました」

よこはま・りゅうせい　1996年9月16日生まれ、神奈川県出身。2019年、『初めて恋をした日に読む話』(TBS系)でブレイク。『シロでもクロでもない世界で、パンダは笑う。』(日本テレビ系)に主演するなど活躍中。

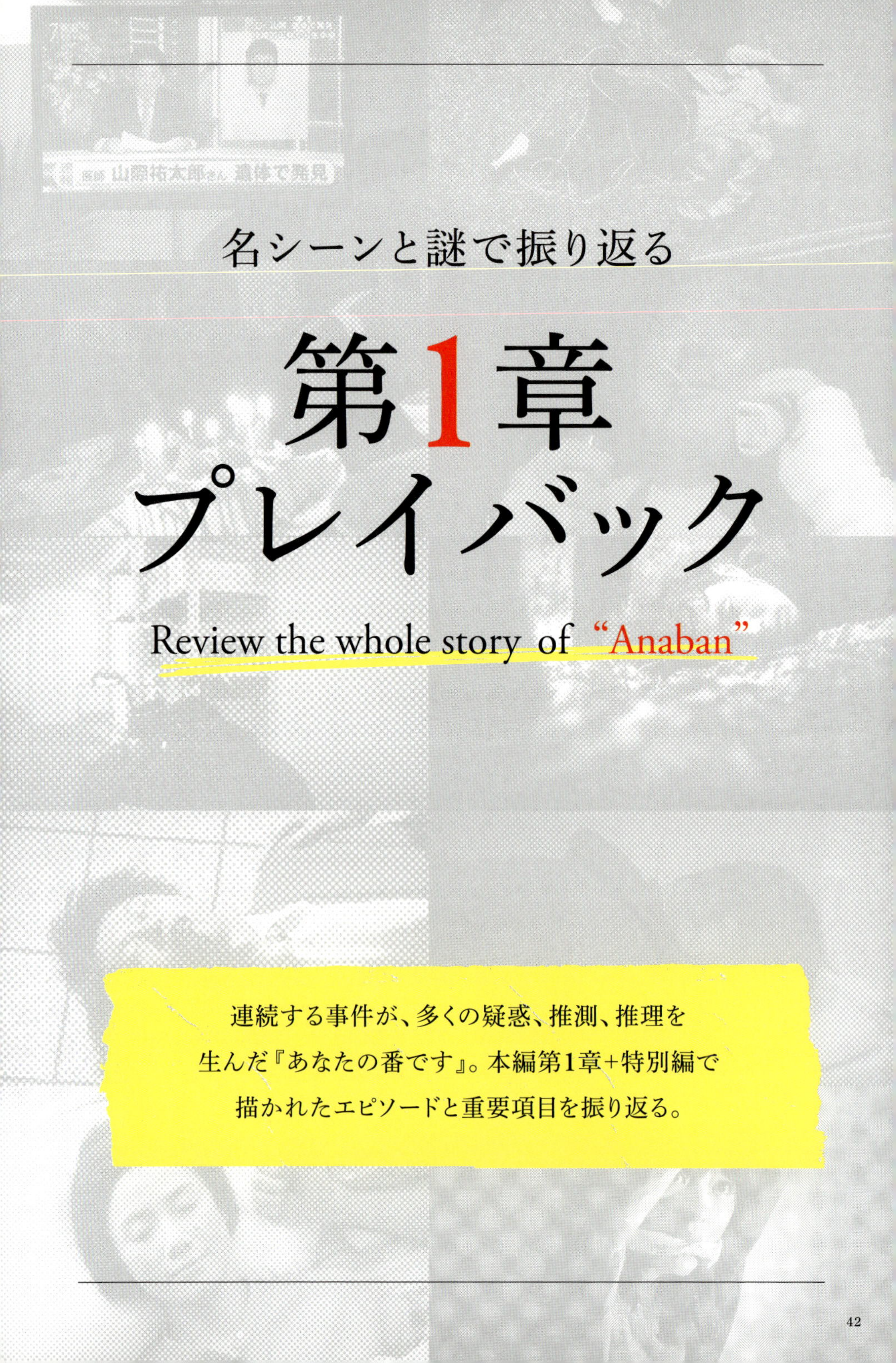

名シーンと謎で振り返る

第1章 プレイバック

Review the whole story of “Anaban”

連続する事件が、多くの疑惑、推測、推理を生んだ『あなたの番です』。本編第1章+特別編で描かれたエピソードと重要項目を振り返る。

第1話

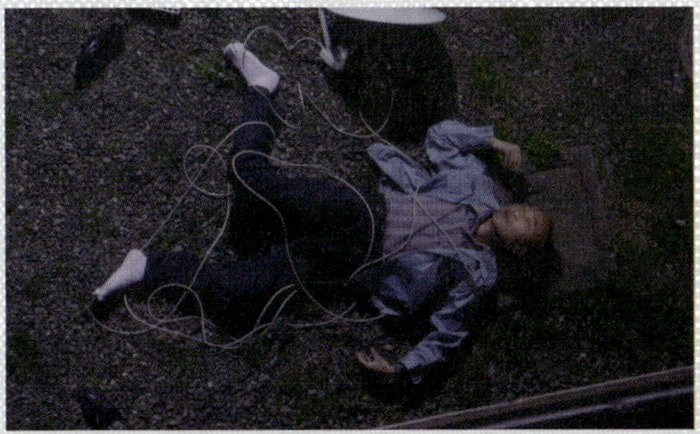

犠牲者

床島比呂志（管理人）

菜奈と翔太が最初に発見した際には宙吊りで気を失っているだけだったが、目を覚まして体を動かした拍子に頭から落下。衛星放送用のアンテナとコードが体に巻きついていた。

!考察POINT!

- 住民と管理人の13人で「交換殺人ゲーム」を行う
- 管理人室の前で翔太が聞いた「鍵の音」を立てたのは誰か
- 管理人が翔太たちの目の前でマンションから転落死

「キウンクエ蔵前」というマンションに引っ越した新婚の菜奈と翔太。チェーンを外さずドアの隙間から手土産を受け取る尾野、晴れているのに長靴を履いている佐野など、ひとクセありそうな住人たちに出会う２人。菜奈が参加した住民会では〝殺したい人〟の名前を紙に書き、クジのように引いていく「交換殺人ゲーム」が行われる。住民会でなにが話し合われたのか聞く翔太に、菜奈は「特に何事もなく」と答えを濁してしまう。

夕食後、自宅に見慣れない鍵の束が落ちていることに翔太が気づく。床島のものではないかと考え、管理人室に向かうが不在で、近くから鍵の束が鳴る音を耳にする。部屋に戻り、床島に電話をかけるとベランダから携帯電話の音がするため、外を見ると床島が宙吊りになっていた。驚く翔太と菜奈の目の前で、床島は落下してしまう。そしてマンションのエントランスには、「管理人さん」と書かれた紙が貼り出されていた。

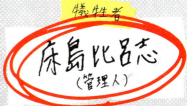

第2話

犠牲者

山際祐太郎

クイズ番組にも出演するタレント医師、通称「Dr.山際」。山林で土に埋まった状態で発見された。藤井は山際とは大学の同期で、藤井が好意を寄せていた女性を山際が弄ぶなどしていたため、かねてから山際に殺意を抱いていた。

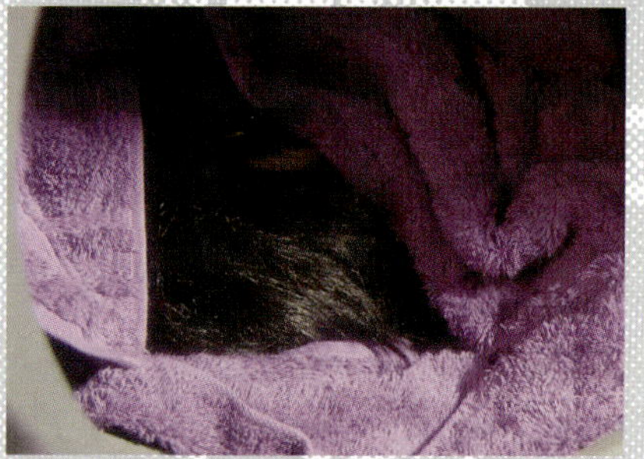

!考察POINT!

- 床島は脳腫瘍だった（自殺?）
- 藤井が書いたのは「山際祐太郎」引いたのは「タナカマサオ」
- 藤井に「あなたの番です」のメッセージが届く
- 藤井の家に山際の生首が置かれる

警察の捜査により、床島は脳腫瘍を患っていたことがわかる。臨時の住民会では住人たちが「あのゲームと床島の死は関係ないはず」と口々に言い聞かせ合うなか、「僕が書いたのは山際祐太郎ですよ」と明かす藤井。さらに「死んでほしいと思っていた管理人さんが死んだんだから、書いた人も自分が引いた人を殺さないとルール違反ですよ」と続ける。そんななか、翔太は尾野に、手作りのウエハースをもらう。

菜奈と翔太が近所で見つけたブータン料理屋に入ると、店ではシンイーが働いており、藤井と久住が食事中だった。そのときテレビで山際が遺体で発見されたことが報じられ、「オレじゃないからな！」とつぶやく藤井。しかし藤井のもとには「ルールはちゃんと守りましょう」「あなたの番です」と書かれたメッセージが届きパニックに。自宅の洗濯機内で山際のものと思われる頭部を見つけるのだった。

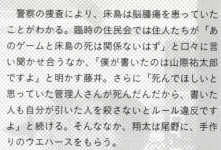

第3話

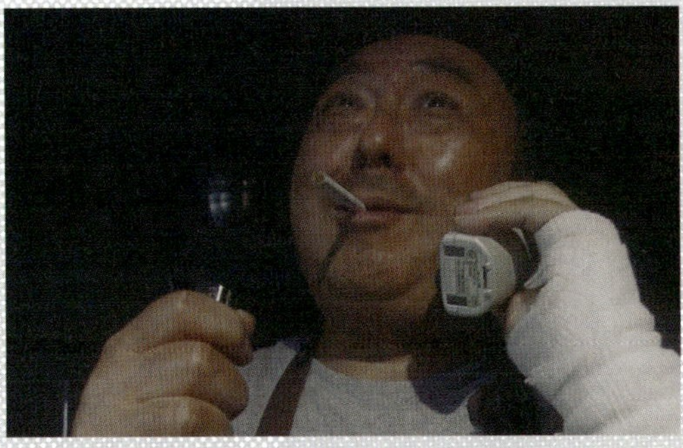

犠牲者

タナカマサオ（ドルジ）

ブータン人のフリをしているが、ふだんは関西弁を話す日本人。不法滞在している恋人をネタに、シンイーに関係を迫っていた。最期の言葉は「シンイーが、俺のハートに火ぃつけたんやがな～」。

!考察POINT!

- ・藤井に脅迫動画が届く
- ・田宮がマンション各所に監視カメラを設置する
- ・メンチカツ事件が起こる
- ・シンイー宅に「あなたの番です」と書かれた包丁が届く

臨時の住民会で、藤井に脅迫状が届いていることを知って疑心暗鬼になる住人たち。「マジメすぎる」と指摘された田宮は、かつて劇団に所属していたことを明かす。藤井への脅迫状に「殺人教唆」と書かれていたことから、ゲームに参加した全員が罪に問われる可能性も発覚。田宮は大量の監視カメラを購入し、「世直しだ」とマンション各所に設置する。マンションの外では、義母の嫌がらせに耐えかねた美里が「メンチカツメンチカツ…」と叫ぶ、通称「メンチカツ事件」が発生。

藤井のもとには、ある人物から顔の部分が加工された動画が届き、脅迫は続く。「タナカマサオ」が誰かわからない藤井だったが、勤務する病院にブータン料理屋の店長が訪れたことで正体が判明。その後、店に藤井が侵入した夜、ガス漏れによる爆発事故が起きてドルジ＝タナカマサオが死亡する。翌日、シンイー宅のベランダには「あなたの番です」と書かれた包丁が置かれていた。

第 4 話

犠牲者

赤池美里・吾朗

美里と吾朗は首から出血して死んでおり、幸子は被せられていた袋を外すと『ジュリアに傷心』を熱唱。テーブルには「赤池美里」と書かれたプレートののったケーキが置かれており、ベランダの窓は開いていた。

!考察POINT!

- ・石崎洋子が書いたのは「石崎洋子」、引いたのは「吉村」
- ・浮田が引いたのは「赤池幸子」、黒島は「織田信長」、菜奈は「こうのたかふみ」
- ・細川朝男は菜奈の夫

藤井が引いた紙は「タナカマサオ」だったことを知っている菜奈や久住は、交換殺人が連鎖していることに気がつく。住民会では、石崎洋子が自分で自分の名前を書いたと告白し、「誰の名前を書いたか発表しよう」と提案するが誰も応じない。しかし住民会のあと、菜奈、洋子、浮田、黒島は自分が引いた紙を教え合う。一方、翔太は尾野から「交換殺人ゲーム」の話を聞き、菜奈にウソをつかれていることにショックを受け、勤めるジムに通う細川朝男に相談する。

マンションのゴミ置場では、木下が黒島のゴミから「御佛前」の袋を見つける。また、菜奈が取引先で打ち合わせをしていると「旦那さんが来たよ」と言われ、振り返ると立っていたのは笑顔の細川だった。その夜、赤池家から大きな物音が聞こえ、不審に思った翔太たちが部屋を訪ねると、凄惨な姿で息絶える夫妻と、ビニール袋を被せられている幸子を発見する。

第5話

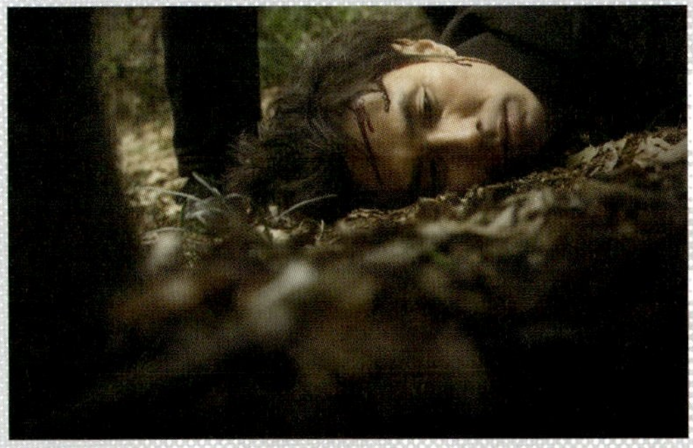

犠牲者

袴田吉彦

袴田が撮影現場の林で用を足していると、3人組にバットで襲われる。久住は、顔が似ていることから「深酒してシメでラーメン食べた翌日の袴田」「ポイントカード」などと呼ばれることが苦痛で名前を書いてしまった。

!考察POINT!

- 木下が佐野のゴミの中から血だらけのタオルを発見
- 榎本正志が捜査を牽制する
- 床島が死んだ夜、管理人室付近にいたのは西村?
- 浮田が書いたのは「赤池美里」、久住が書いたのは「袴田吉彦」、引いたのは「細川朝男」

警察内部では、（榎本）正志が神谷らに「出世に響くから」と捜査を控えるよう伝える。木下は佐野が出したゴミ袋から、血だらけのタオルを発見。菜奈は住民会で、ゲームのことを警察に届けようと提案するが反対多数で却下されてしまう。そのころ北川澄香が、息子のそらを児嶋佳世に誘拐されたと言って騒動になる。翔太はエントランスで西村と話をした際、彼が鍵の束を回す音に聞き覚えがあることに気がつく。それは床島が死んだ夜、管理人室の前で聞いた音だった。そんななか、細川と菜奈が会っているところを目撃してしまい、さらにショックを受ける翔太。浮田は菜奈、早苗、黒島を呼び出し、「赤池美里」と書いたのは自分だと告白。菜奈は木下から「302号室の人」と書かれた紙があったことを告げられる。一方、久住からは「袴田吉彦」と書いたこと、引いた紙には「細川朝男」と書かれていたと聞く。そのころ袴田吉彦は、撮影現場で何者かに襲われ殺害されてしまうのだった。

第6話

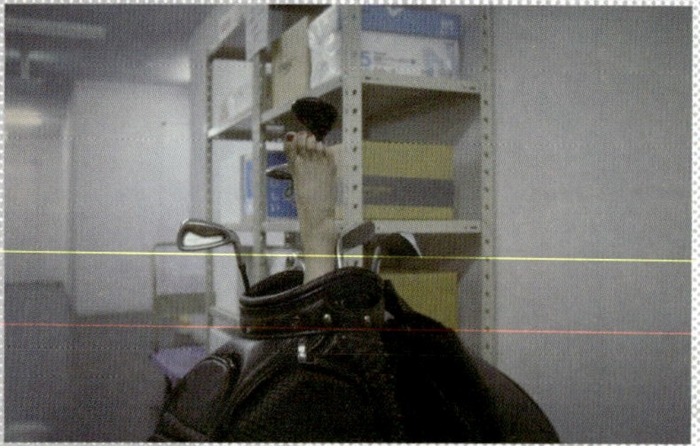

犠牲者

児嶋佳世

俊明との夫婦関係は冷めていたが、佳世は子供を持つことを切望し、マンション住民の子供たちにも執着を見せていた。俊明の会社に送られてきたゴルフバッグの中から切断された右脚が見つかり、佳世の死亡が発覚。

!考察POINT!

- ・細川と菜奈はまだ離婚していない
- ・久住と浮田のもとに「あなたの番です」のメッセージが届く
- ・菜奈が書いたのは「細川朝男」、黒島が書いたのは「早川教授」
- ・早苗が書いたのは「初恋の人」、引いたのは「電車の席を譲らない人」
- ・澄香が書いたのは「児嶋佳世」、引いたのは白紙

袴田が死んだことに責任を感じる久住は、菜奈に自分の引いた紙が「細川朝男」だったと打ち明ける。その名前を書いた菜奈は、翔太に細川との関係、離婚届がまだ提出されていないことを明かす。菜奈は細川を殺さないようにと久住に念を押すが、久住はポストに入れられた「あなたの番です」のメッセージを見つける。翔太は尾野に手作りのプロテインを渡されるが、「これで最後にしてほしい」と告げる。

一方、警察は不審な動きが多い201の３人を尾行。102では俊明が帰宅するも、「やり直そう」と迫る佳世を押し退け、すぐにまた出て行ってしまう。佳世は廊下で会った石崎一男を連れ帰ろうとし、「なんで私だけ寂しいの！」と泣き崩れる。住民会では、来たメンバーだけで誰の名前を書いたのかを明かすことになり、澄香が「児嶋佳世」と書いたことを告白。一同は佳世の身を案じるが、俊明が会社に送られてきたゴルフバッグを確認すると、中には佳世の右脚が刺さっていた。

第7話

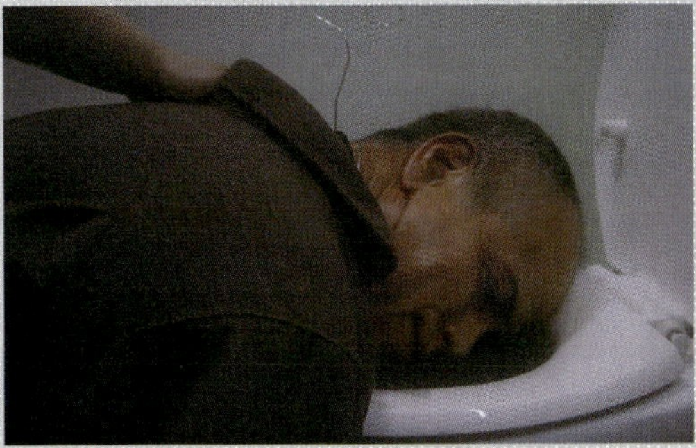

犠牲者

浮田啓輔

自分が書いた「赤池美里」の紙を引いた人物の目星がついたので会いに行くと久住に言い残したが、その後、あいりの父・西尾が営むリサイクルショップのトイレで絞殺される。あいりをじつの娘のように思っていた。

!考察POINT!

- 新管理人の蓬田が赴任、マスターキーがないことに気づく
- 「『赤池美里』の紙を誰が引いたか目星がついた」と語る浮田
- ゴルフバッグを運送業者に渡したのは20代の男性

佳世が殺されたことで、警察に相談することにした澄香。そこに(榎本)正志が刑事の神谷を連れて現れ、捜査を任せることに。久住は、脅迫のメモが来たことを浮田に明かすが、2人が受け取ったメモの筆跡が同じことに気づく。「なにもしない」と意思を確認するが、脅迫はエスカレート。

翔太は仕事終わりに待ち伏せしていた尾野に会い、「こういう捨てられ方したときの私、こわいから」と言われ愕然とする。新管理人の蓬田は、マスターキーがなくなっていることに気づき、不審がる。

あいりは父親の西尾と面会し、ナイフで刺そうとするが、浮田に止められる。浮田はあいりと柿沼を逃がすが、その後トイレで死亡しているのが発見される。

浮田の死でさらに追い込まれた久住は、細川のもとに現れ、細工をしておいたエレベーターの穴に細川もろとも落下。一方、菜奈は自宅にやって来た警察官に連行されてしまう。

第8話

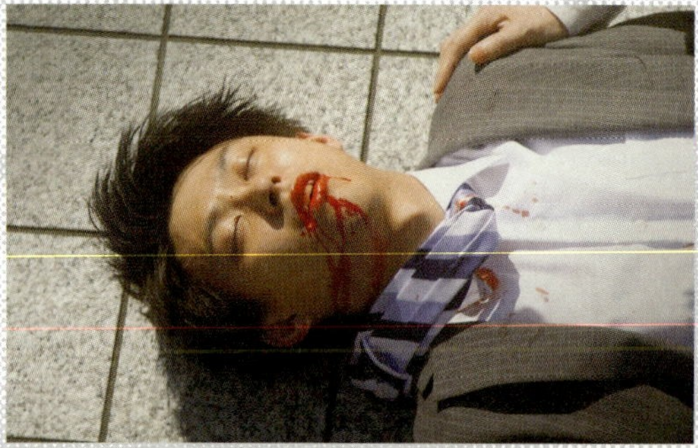

犠牲者

細川朝男、甲野貴文

細川は菜奈の元上司であり夫で、離婚届はまだ提出していない。菜奈にゲームで名前を書かれ、久住に襲われてエレベーターから転落死。甲野は田宮の元部下。田宮にゲームで名前を書かれ、何者かによって刺殺される。

!考察POINT!

- ・神谷は「交換殺人ゲーム」について一人で捜査をしている
- ・田宮が書いたのは「こうのたかふみ」、引いたのは「ゴミの分別ができない人」
- ・シンイーを脅迫していたのは藤井
- ・ウソをついているのは澄香、早苗、黒島、田宮のうちの誰か?

死亡した細川の殺害依頼がネットに書き込まれていたことで菜奈が警察に連行されるが、書き込みは久住の犯行と判明し釈放される。交換殺人ゲームが警察内で共有されていないと知った菜奈は神谷に詰め寄るが、「問題があり…」と濁される。翔太は田宮のもとに向かい、「土下座よりもきつい姿勢」で、紙に書いた名前は「こうのたかふみ」、引いたのは「ゴミの分別ができない人」だったと聞き出す。藤井はシンイーに「赤池夫妻と袴田吉彦、どっちを殺したんだ？」と尋ねる。中華包丁を使ってシンイーたちを脅迫したのは藤井だった。推理を進める菜奈と翔太は、澄香、早苗、黒島、田宮が引いた紙は存在しない、つまりウソをついているのではと疑いを持つ。さらに神谷に「榎本課長には内密に…」と言われたことから、榎本夫妻への不信感も募る。その後、田宮が名前を書いた「こうのたかふみ」に会うために職場の銀行を訪れるが、何者かに刺され、目の前で死亡してしまうのだった。

第9話

新事実

榎本夫妻は息子を監禁していた

交換殺人ゲームが警察内部に周知されないのは、幹部である正志が隠蔽しているからだと疑念を抱いた翔太。402に押し入り、隠し部屋で見つけたのは拘束された黒島と、見たことのない少年だった。

!考察POINT!

- 床島と早苗のあいだにトラブルがあった?
- 「302号室の人」と書かれた紙は清掃係を決める投票のためのもの
- 尾野は空室の303に出入りしている
- 翔太が刑事の神谷と正志が揉めている現場を目撃する

菜奈が殺す番だった甲野が死に、ゲームとは別の事件が動いていると考えた菜奈と翔太。神谷が動かないのは、警察幹部である(榎本)正志の妻・早苗が起こしたなんらかの事件を隠すためだと推測。田宮は空室の303に入る尾野を見かけて不審がる。その後甲野の葬儀に行くが、自分が犯人だと思われていると知り「無実、けっぱーく！」と叫んで会場を出る。菜奈は木下に「会長さん 振り込まれていないよ どうした？ あの写真をバラまくぞ？」と書かれたメモを見せられる。情報提供の見返りに、以前告げられた「302号室の人」と書かれた紙は、清掃係を決める投票のためのものだと告げる菜奈。

翔太は夜道で、神谷と正志が揉めているのを目撃。酔っている正志を部屋まで送り、402に違和感を覚える。翌日再び部屋に押し入り、隠し部屋とその中で拘束された黒島を発見するが、早苗に襲われる。薄れゆく意識の中、部屋の隅に手錠で繋がれた見知らぬ少年を見つけるのだった。

第10話

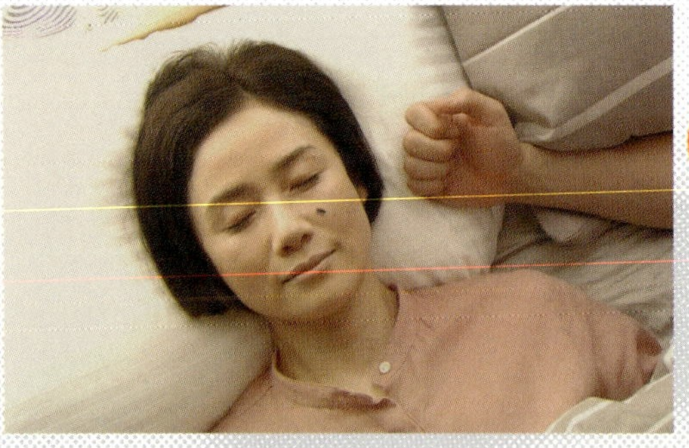

犠牲者

手塚菜奈

翔太の最愛の人で、ミステリー好きの読書家。翔太が入院中に何者かによって殺害され、自宅のベッドで遺体となって発見される。

!考察POINT!

- 榎本夫妻の息子、総一は学校でイジメにあっていた
- 監禁部屋には山際の頭部が隠されていた
- マスターキーを盗んだのは正志
- 早苗がミキサーで菜奈に襲いかかる

監禁部屋の少年は、榎本夫妻がイジメから守るためにかくまっていた息子の総一だった。翔太はその部屋で、山際の頭部を発見。神谷は（榎本）正志に呼び出され、捜査情報を売っていたことをバラさない代わりに、翔太と黒島の殺害を手伝うよう脅される。「決断は早いほうなんです」と言うと神谷は黒島を気絶させ、正志が盗んでいたマスターキーを使って空き部屋の303まで運ぶ。

その間に402にやって来た菜奈は翔太たちを発見するが、早苗に見つかり、ハンドミキサーで襲われてしまう。駐車場で菜奈を人質に半狂乱の早苗。そのとき、部屋にいた総一が飛び降りを示唆して早苗を止めるが、そのまま足を滑らせ落下してしまう。間一髪のところで翔太が受け止め、総一は無事だったが、翔太は気を失う。病室で目を覚ました翔太は、病院を抜け出し、菜奈に改めてプロポーズをしようと自宅へ。しかしベッドに横たわる菜奈は、すでに息絶えていた。

特別編

!菜奈&翔太の新事実!

- オランウータンタイムの元ネタは『モルグ街の殺人』(エドガー・アラン・ポー)
- 翔太には内緒で、菜奈は翔太の誕生日にチャペルを予約していた
- 菜奈の「手紙」はフェイク

菜奈の葬儀を終えた翔太は、彼女が遺した日記を発見する。そこには2人が出会った日からの思い出が綴られていた―――。

翔太はある日、フリーランスのデザイナーとして働く菜奈と運命的な出会いを果たす。ミステリー好きという共通点もあり、2人はすぐに距離を縮めていく。菜奈に心を奪われた翔太は猛アプローチを開始し、出会って1カ月も経たないうちに思いを伝えてしまう。しかし15歳という年の差を気にする菜奈は「友だちのままでいよう」と、告白を断るのだった。それでも諦められない翔太は、手を替え品を替え、愛の告白を繰り返す。そして31回目にして菜奈はついに翔太を受け入れ、2人は恋人同士になった。

その後も順調に愛を育み、翔太は菜奈にプロポーズ。すると、細川との離婚が成立していない菜奈は、翔太の未来を思い、別れを切り出す。しかし自称〝諦めの悪い男〟である翔太は、自分の誕生日に菜奈を呼び出し、再び熱い思いを伝えてプロポーズを成功させるのだった。

そんなかつての思い出が綴られた日記を読み進める翔太が、ふとパソコンのデスクトップに目をやると、菜奈からの手紙が残っていることに気づく。その文章に違和感を覚えた翔太が画面をスクロールすると、突如パソコンがハッキングされ、殺害直前の菜奈を映した動画が再生された…。

オランウータンコラム②

尾野ちゃんから翔太への ちょっと怖〜い プレゼント一覧

有機野菜の宅配サービス会社に勤務する尾野ちゃんが、翔太を待ち伏せてはプレゼントする奇想天外なオーガニック素材の品々も話題に。

第2話 手作りウエハース

「手作りのオーガニックの米粉を使ってます」

第4話 エコお弁当箱

「中身は自分で入れてくださいね。建築資材として加工された木材の、本来なら捨てられてしまう切れ端を組み合わせて作ったエコなお弁当箱です」

第8話 天然成分オイル

「塗ると肌にいいだけじゃなくて、気持ちも落ち着くんです」

第3話 手作り雷おこし

「お米も油も水飴も全部オーガニックのものだけを使ってますから」

第6話 手作りプロテイン

「無添加の牛乳と天然の〜」

第11話 涙

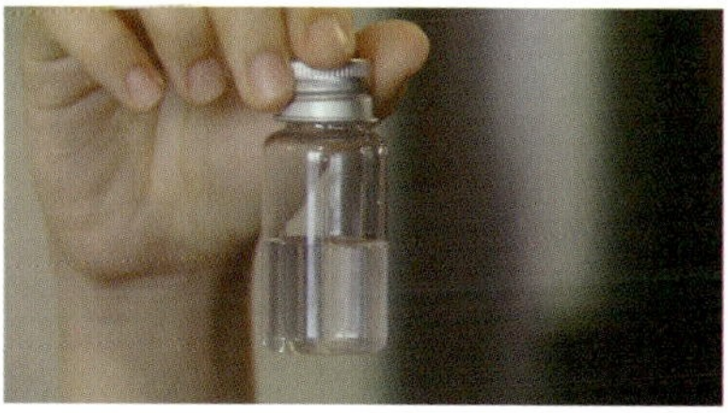

「涙です、私の。こんなに悲しんでいる人間がいるんだってことが、せめてもの慰めになったらいいなと思って」

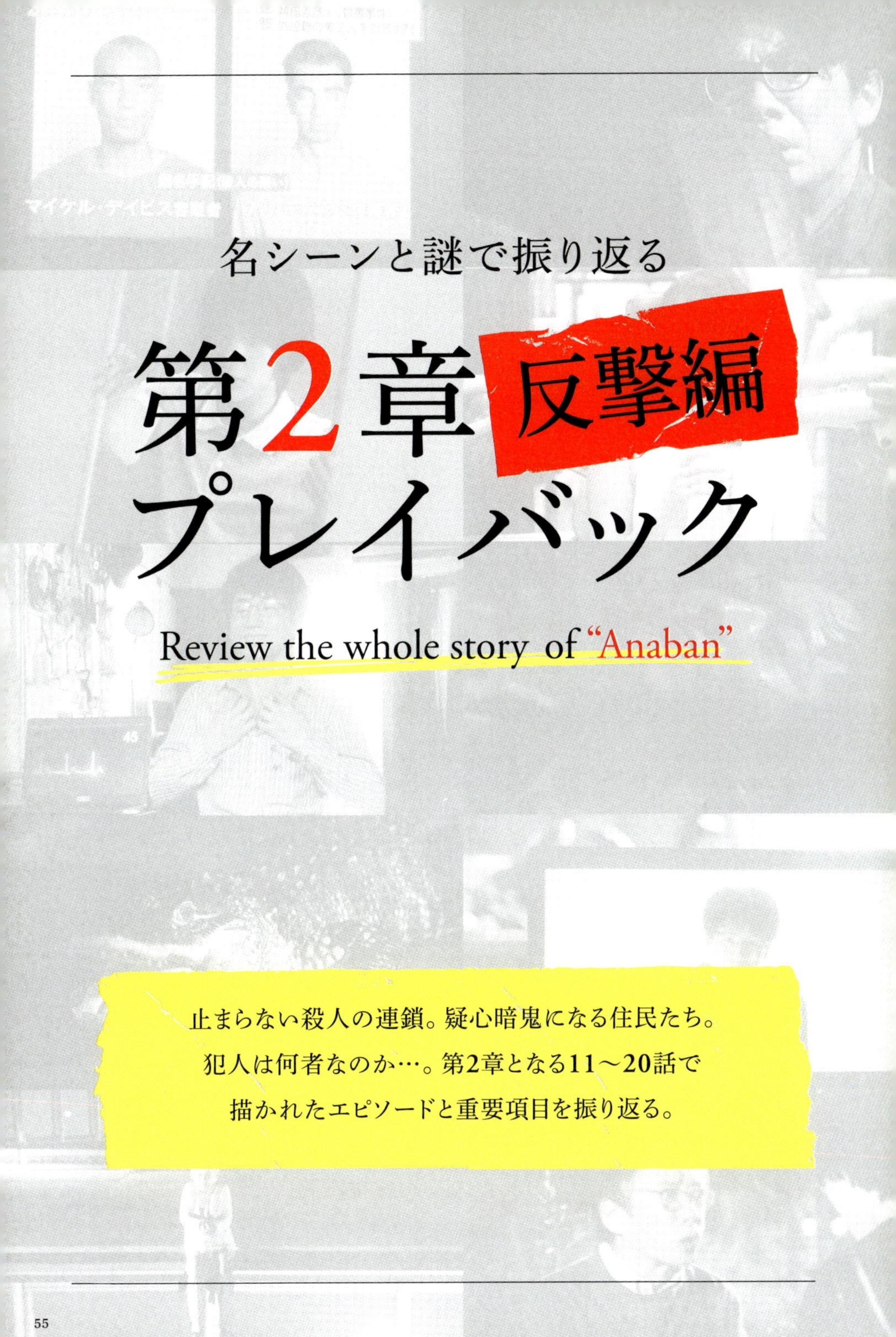

名シーンと謎で振り返る

第2章 反撃編 プレイバック

Review the whole story of "Anaban"

止まらない殺人の連鎖。疑心暗鬼になる住民たち。
犯人は何者なのか…。第2章となる11〜20話で
描かれたエピソードと重要項目を振り返る。

第11話

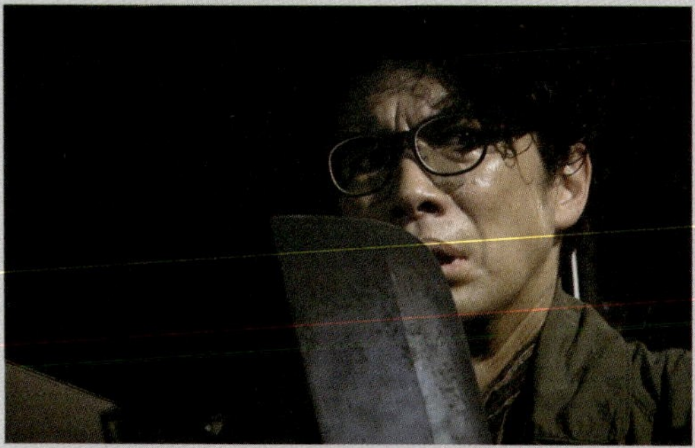

新事実

タナカマサオ爆殺犯は藤井淳史

タナカマサオの店を爆破したのは藤井だった。早苗の自宅から山際の頭部が見つかったことで、自分を脅迫したのも早苗だと気づく藤井。犯行が警察に知られないかと怯える日々を過ごしている。

!考察POINT!

- 304に二階堂忍が入居
- 菜奈の死因は塩化カリウム中毒
- 藤井を脅迫していたのは早苗
- 木下は収集したゴミを保管している
- 合鍵があるのは賃貸の部屋のみ

菜奈を失い悲しみに暮れる翔太は、パソコンに残された不審な動画を見つける。それは殺害される直前の菜奈を映したものであり、激怒した翔太は復讐を誓う。警察の調べで菜奈の死因は塩化カリウム中毒で、注射痕が残っていたこともわかる。

定例住民会では西村が新しい会長に。304に越してきた新しい住民で、AIの研究をしている大学院生の二階堂も紹介される。推理に行き詰まった翔太は二階堂の知識を借りようと、鍋を持って304へ。プロファイリングに興味を持った二階堂は、住民たちの情報を記録していく。翌朝、シンイーが翔太たちのもとを訪れ、蓬田が木下にスペアキーを渡すのを見たと打ち明ける。翔太は蓬田に、302の鍵を渡したのではないかと詰め寄るが、スペアがあるのは賃貸契約の部屋のみだと言われる。木下の部屋の鍵を奪い侵入した翔太が見たものは、壁一面に貼られた事件にまつわる記事や写真、そして部屋ごとに仕分けされたゴミだった。

第12話

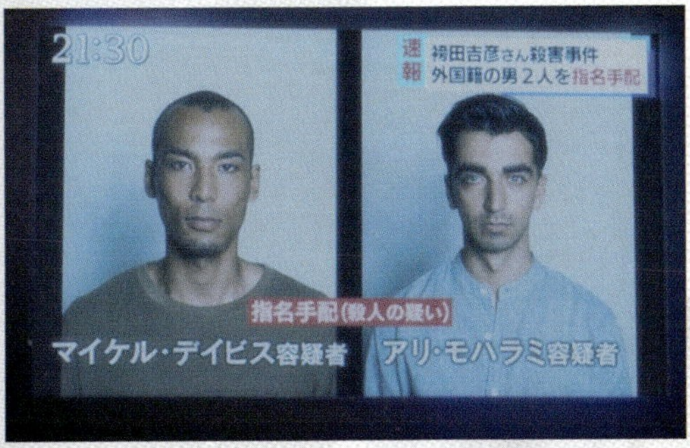

新事実
袴田殺害犯はシンイーの同居人

シンイーに脅迫メッセージを送ったのは、タナカマサオを殺害した藤井だった。脅迫メッセージを見たシンイーの同居人たちは、彼女を助けるために袴田吉彦を殺害した。

!考察POINT!

- 黒島は元彼（波止）からDVを受けていた
- 波止はケンカで死亡した
- 二階堂いわく、黒島の匂いが「なんか変」
- 尾野がボタンを口に隠している

住民のゴミを集めている木下の正体は、社会派ノンフィクション作家「アカネ木下」だった。黒島のゴミにあった御佛前の袋から、元彼である波止が死亡していたことや、彼が黒島に日常的に暴力を振るっていたことがわかる。翔太は黒島が「早川教授」と紙に書いたと語っているのはウソではないかと疑う。二階堂は黒島のウソを否定するが、彼女の匂いには違和感を覚えていた。

翔太が自宅に戻ると、無断で上がり込んでいた尾野。掃除をしていたと言うが、部屋を追い出された尾野は口の中に黄色のボタンを隠し持っていた。藤井のもとにはシンイー、イクバル、クオンが訪ねてくる。３人は袴田の殺害を自供し、お互いの秘密を守るために協力することを求める。そのころ、菜奈の死因が塩化カリウムであることから、翔太は医師である藤井の部屋に強引に上がり込む。そこで大量の薬品を見つけるが、部屋に潜んでいたシンイーの同居人たちが背後から襲いかかる。

第13話

新事実

袴田殺害の主犯は桜木るり

翔太が働くジムに通い、藤井と同じ病院に勤める桜木。シンイーの同居人たちと共謀して袴田を襲撃しただけでなく、タナカマサオ殺害当夜についてウソのアリバイを警察に証言する。

!考察POINT!

- 502に南雅和が入居
- 桜木るりが藤井のアリバイを偽装
- 浮田、赤池夫妻、菜奈の遺体は笑顔だった
- 黒島にストーカーのような存在

袴田殺害の実行犯であるシンイーの同居人たちに連れ去られそうになる翔太。そこへ偶然居合わせた二階堂が応戦して救出する。警察で事情聴取を受ける翔太は、水城にマンション内で交換殺人ゲームが起きていることを明かし、ついに警察全体がゲームについて知るところとなる。

藤井も警察の取り調べを受けるが、あるはずのないアリバイが証言されており、釈放される。その証言は、藤井とともに働く看護師の桜木によるものだった。久住の病室であいりと柿沼に会った翔太は、「浮田の遺体が笑っていた」という情報を得る。赤池夫妻、そして菜奈の遺体も笑みを浮かべていたことに気づき、奇妙な共通点を不審がる。住民会では新たに入居した南が紹介され、一方、黒島は不審な男につきまとわれていた。その後、逮捕されたシンイーの同居人は、袴田を殺害した日を回想する。現場に残された足跡の主であり、袴田殺しの3人目の実行犯は、桜木だった。

第14話

新事実

山際の頭部を持ち出したのは榎本総一

同級生をトラックの前に突き飛ばす、ニワトリや野良猫に危害を加えるなど、総一は問題行動が多いために軟禁されていた。榎本夫妻が持ち帰った山際の頭部を藤井の部屋に持ち込んだのも総一だった。

!考察POINT!

・山際を殺害したのは榎本早苗

・早苗も脅迫を受けていた（文面は「やることをやれ」）

・「石崎洋子」の紙に残っていた指紋は北川、久住、床島、田宮、藤井、尾野

・久住が記憶喪失の状態で目を覚ます（自分を袴田吉彦だと思っている）

・黒島がホームから突き落とされる

久住は意識を取り戻すが、記憶喪失になったうえに自分を袴田吉彦だと思い込んでいた。その頃、田宮のもとへ血だらけの「甲野」の名札が届く。インターホンに映っていたのは、黒島につきまとっている怪しい男だった。警察では、正志がついに全容を語る。総一の狂気が手に負えないと判断した早苗と正志は総一を隔離。それを床島に知られ、早苗は口止め料を何度も要求されていた。耐えかねた早苗は、住民会でのゲームで「管理人さん」と記入。すると本当に床島が死に、さらに「やることをやれ」と脅迫文が届く。早苗は自分が引いた紙に書かれていた山際を殺害し、共犯者を増やそうと藤井を脅迫したのだった。身元確認を遅らせるために持ち帰った頭部を藤井の部屋に持ち込んだのは総一だった。
　一方、夏祭り会場では、総一がそらを殺害しようとするのを翔太が阻止。また、駅で電車を待つ黒島は何者かに押され、線路に転落してしまう。

第15話

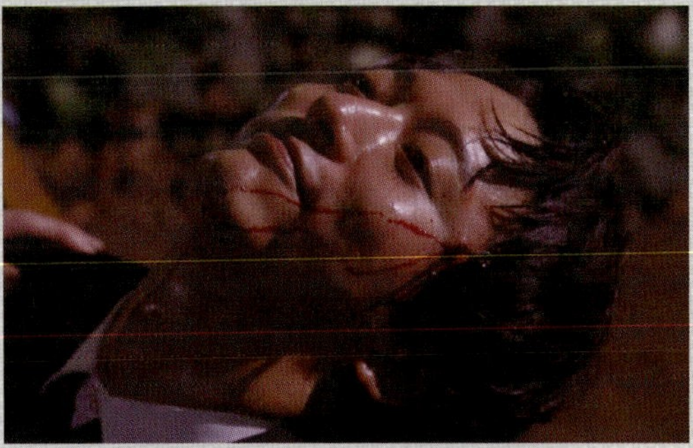

犠牲者

神谷将人

懲罰会議にかけられて謹慎処分中だったが、菜奈の殺害犯がわかったと翔太に連絡する。しかし翔太が待ち合わせ場所に着くと、神谷は手足とこめかみにビスを打ち込まれ、笑顔で息絶えていた。

!考察POINT!

- ・榎本夫妻と神谷の関係は?
- ・AI菜奈ちゃん誕生
- ・児嶋佳世の遺体が見つかる
- ・赤池幸子の小銭入れから「児嶋佳世」の紙

意識不明で搬送される黒島。病室でつき添っていた二階堂は目を覚ました黒島に、好きだという思いを伝える。その頃、翔太は「決断は早いほうなんで」と言った声の主で、榎本夫妻に監禁されていた現場にいた〝3人目〟は神谷だと気づく。早苗は取り調べで、ゲームを警察に知られないように「赤池美里」のチョコプレートを食べて隠蔽したことを明かす。二階堂は、翔太のために「AI菜奈ちゃん」を開発し、翔太のスマホにインストールする。記憶喪失の久住は退院してマンションに戻るが、エレベーターを「アンジェリーナ」と呼ぶところを藤井に目撃され、記憶喪失がウソであることを認める。さらに、幸子に事件の詳細を聞きに行った翔太は、幸子の小銭入れから「児嶋佳世」と書かれた紙を発見する。

一方、食肉加工場で働く職員が、児嶋佳世の遺体を発見。さらに、神谷に呼び出された翔太は、待ち合わせ場所で死んでいる神谷を見つけてしまう。

第16話

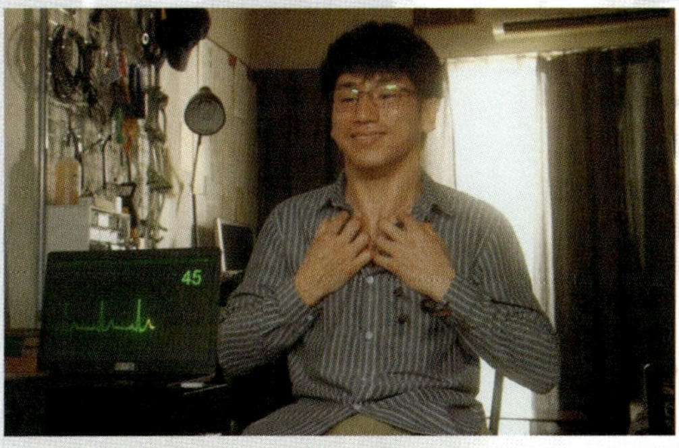

犠牲者

内山達生

黒島の高校時代からの同級生でありストーカー。大学では周囲から「ニヤケユウジ」と呼ばれていた。一連の殺人への関与が疑われていたが、翔太たちの目の前でダーツの矢が胸に刺さり死亡。

!考察POINT!

- 神谷殺害犯は、赤池夫妻と浮田、菜奈の殺害犯と同一?
- 浮田は紙に「すごく小さく字を書く」細工をした
- 何者かが田宮の代わりに甲野に香典を送る
- 黒島の部屋は盗聴されていた

殺された神谷のポケットには、赤池夫妻事件で使用されたナイフが入っていた。二階堂は、回復した黒島をデートに誘い、ヒマワリ畑へ。しかし２人の背後には、不敵な笑みを浮かべて２人を見つめる男がいた。田宮は、誰が血だらけの名札を送ったのかを探るために甲野の実家へ。そこで自分の名前で既に香典が送られていることを知る。二階堂は黒島の部屋で盗聴器を発見。ヒマワリ畑で見たストーカーが仕掛けたものと考え、一連の殺害も彼の犯行と推理する。二階堂と翔太は、ストーカー＝内山達生の住所を調べ、自宅に乗り込むことに。その頃、食肉加工場で調べを進めていた水城は、佳世の遺体が見つかる前後に怪しいバイトがいた情報を掴む。その正体も内山だった。翔太、二階堂、水城が合流し、内山の部屋に踏み込む。しかしドアを開けると作動する仕掛けで、内山の胸にダーツの矢が突き刺さる。一方、アパートから走り去る南の後ろ姿を翔太が目撃していた。

第17話

新事実

内山が犯行を自白

内山は死亡するが、犯行の詳細を自供した動画が残っており、部屋からは証拠も見つかる。しかし不自然な点も多く、翔太と二階堂は引き続き真犯人を探すために推理を続ける。

!考察POINT!

- 内山の部屋から凶器と笑気ガスを発見
- 神谷が翔太に捜査手帳を託す
- 南は田宮が殺人犯だと思っている
- 尾野が持っていたボタンは菜奈のもの？
- 尾野が二階堂を眠らせる

内山の近くにあったパソコンで動画が再生され、赤池夫妻、佳世、浮田、甲野、菜奈、神谷を殺したのは自分だと内山が告白。すべての殺人は黒島に捧げる愛だと語り、線路に突き落としたことも認める。さらに、部屋からは佳世の血液がついたノコギリや大量の笑気ガスなども発見。一方、翔太はアパートから走り去った南に事情を聞くと、「ただのネタ探し」とはぐらかされる。

内山と接点のあった黒島が共犯として疑われるが、はっきりとしたアリバイがあった。翔太は自宅で、菜奈のクローゼットにある黄色のブラウスのボタンがひとつだけないことに気がつく。

一方、南は田宮と黒島に関する「調査報告書」と書かれた文書を読みながら、何者かに電話で報告。その後、田宮家に行き田宮を包丁で脅しながら「あんた人を殺したよね？」とささやく。

尾野の部屋に上がった二階堂は、手作りのハーブティーを飲んでから意識が朦朧としてしまう。

第18話

新事実
佐野家はワニを飼っていた

血だらけのタオルを捨てるなど不審な動きの多かった佐野。じつは部屋でワニを飼っており、他の住民にバレないように隠していただけだった。ワニの名前は本山幹子。

!考察POINT!

- 内山の動画は尾野の部屋で撮られた?
- 久住が桜木に襲われる
- 西村は「管理人日誌」を持っている

南は5年前に娘を殺した犯人が田宮だと思い、包丁で切りかかる。しかし田宮にはアリバイがあり、泣き崩れる南。翌朝、尾野の部屋で上半身裸で眠る二階堂。尾野に勧められたハーブティーには睡眠導入剤が混ぜられていた。目を覚ました二階堂はその後、内山の動画に映っていたカーテンの柄が尾野の部屋と同じであることに気づく。

一方、木下は蓬田からスペアキーを借りると、前々から怪しんでいた佐野の部屋に侵入。そこには血のついたノコギリや肉塊が散乱していた。そして、部屋の中心にいたのは巨大なワニだった。

記憶喪失のフリをやめた久住は、「死んだ浮田のためにも」と翔太に説得され、自首する決意を固めるが、警察に向かう途中で桜木に注射を打たれ、階段から蹴り落とされてしまう。その頃、いつものように鍋を囲んだ翔太と二階堂は、南が集めた膨大な情報をすべてAIに入力。高いパーセンテージで犯人と表示された名前は、黒島だった。

第19話

新事実

田宮が波止を殺害していた

マンションに設置した防犯カメラから、黒島が波止に暴行されていることを知った田宮。正義感から波止に注意するが、彼の態度に憤慨して突発的に殺害してしまう。ゲームでは「波止陽樹」と書かれた紙を引いていた。

!考察POINT!

・パズルのピースから菜奈のメモを見つける

・黒島が引いた紙は「織田信長」ではない?

・過去に黒島と関わった複数の人物が死亡

・翔太の罠にかかって現れたのは尾野

・尾野はゲームで白紙を出し、引いた紙を見ずに捨てた

水城から、田宮が自首したという連絡が入る。さらに、久住の供述で桜木を取り調べると、袴田の殺害を自供。自分をかばおうとする姿に胸を打たれた藤井も、タナカマサオ殺しを自白する。

一方、尾野を問い詰める翔太と二階堂。菜奈のボタンを盗んだ理由を「好きな人が自分に振り向いたときに記念品をもらうことにしている」と語る尾野。303の鍵は、元住人にもらった合鍵だった。

その後翔太は、菜奈が完成させたパズルに1ピースだけ色が違う箇所があることに気づく。その裏に隠されていたのは、区の広報紙の星座占いコーナーを切り取ったものだった。さらに、菜奈は死の直前に、藤井の誕生日を尋ねていたこともわかる。翔太と二階堂は犯人をあぶり出すため、怪しい人物(黒島、西村、尾野、江藤)に挑発の手紙を送り、ホテルの一室へとおびき出す。翔太が扉を開けると、現れたのは尾野。が、その瞬間、背後から翔太を二階堂がチョークスリーパーで襲う。

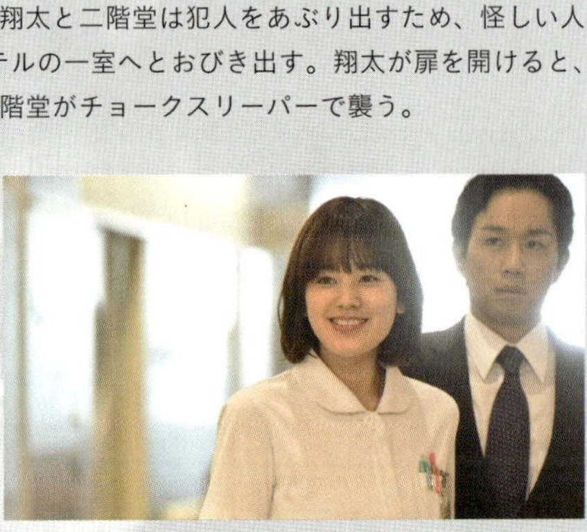

第20話

犠牲者?

赤池幸子

幸子は義理の孫である黒島の危険性を認識しながら、被害を防ごうとしなかった。黒島の逮捕後、どこかの高いビルの屋上で拘束されたまま落下する。生死は不明。

!考察POINT!

- 黒幕は黒島沙和
- 内山のダーツに毒物を塗って殺害したのも黒島
- 床島は転落死(自殺未遂)
- 黒島は幸子の義理の孫

気を失った翔太が目を覚ますと、手足を粘着テープで巻かれ、隣には黒島の姿が。二階堂が現れて菜奈は自分が殺したと語るが、翔太はそのウソを見抜く。吹っ切れたようにこれまでの事件の自白を始める黒島。住民会でのゲームで、殺したいと思っていた波止の名前を書くと本当に死んでしまったため、自分が引いた「赤池美里」を殺害。さらに殺害した佳世を内山の協力を得て遺棄、犯行に勘づいた浮田と菜奈を次々と殺害。甲野殺害も、ゲームを進めるために内山に実行させていた。激昂した翔太が黒島に襲いかかるが、その声に反応したAI菜奈ちゃんが「怒ってるの?」と尋ねる。AI菜奈ちゃんの声で衝動を抑えた翔太は黒島を抱き上げる。「怒ってても抱きしめる人。それが手塚翔太」。AI菜奈ちゃんが翔太にささやく。警察が黒島の部屋に押し入ると、これまでに殺した人物の遺留品や凶器が保管され、そのなかには南の娘・穂香の靴も残されていた。

一方、西村は床島の死について木下に真相を明かす。ゲームで自分の名前を引いた床島はショックを受け、病で落ち込んでいたことも災いし、自殺を考える。電話を受けた西村は急いで屋上へ向かい説得するが、床島は足を滑らせ落下してしまったのだった。西村がそのことを黙っていたのは、「管理人さん」の紙を書いた早苗を罰しようと、脅迫状を送りつけて嫌がらせをするためだった。

すべての事件に決着がついた頃、水城は幸子のもとへ。黒島の母は幸子の夫が外で作った娘であり、義理の孫である黒島の本性を幸子は知りながら黙認していたことがわかる。

事件の解決後、仲よく鍋をつつく翔太と二階堂。インターホンが鳴り廊下に出ると、無人の車椅子と「あなたの番です」のメッセージが。そして、車椅子の持ち主であるはずの幸子は、どこかの高いビルの屋上で拘束されていた。恐怖に震えながら絶叫する幸子は、そのまま落下してしまう。

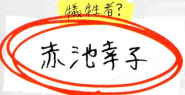

オランウータンコラム③

多様な愛の名シーン

菜奈と翔太の純愛だけでなく、さまざまな形の愛情が
異常な事件を引き起こした『あな番』。
登場人物たちの愛の名場面集。

黒島沙和×二階堂忍

フィボナッチ数列が育んだ恋

黒島　「誘ってもらって嬉しいです」
二階堂「フィボナッチ、好きだって言ってたから」
黒島　「数学で世界が構成されているって実感できて」
二階堂「21」
黒島　「34」
二階堂「55」
2人　「89！」

（第16話より）

浮田啓輔×妹尾あいり

パパと呼べずに突然の別れ…

浮田「父親のこと、殺したいほど憎んでたなんて、気づいてやれなくてごめんな。だったら…俺でいいよな？」
妹尾「病院で会ったら、パパって呼ぶからね」

（第７話より）

細川朝男→手塚菜奈

愛し方を間違えた果てに

細川「嫌われたまま死にたくねえな…」
（メールで）「ほんとうにすきでした。でも愛し方をまちがえました。ごめんなさ」
（息絶える）

（第８話より）

藤井淳史×桜木るり

先生の稚拙な人間性が好き

桜木「私は、先生のだらしなくて、責任感ゼロで、他人任せで稚拙な人間性が好きなんです。だから、自分でどうにかしようだなんて思わないでくださいね」
藤井「いいのか、俺…」

（第19話より）

田宮淳一郎×劇団員 東さん　真面目一筋の男が落ちた不倫

田宮「僕はね、妻としかつき合ったことのない男です。真面目一筋で生きてきて、…だから、」
東　「ほんとごめんなさい」
田宮「だから、君のような若い子に、そんなこと言われたら、コロッと参ってしまうじゃないですか！」

（第12話より）

榎本早苗×正志

愛する子供のためなら…

早苗「怖いよ。怖いけど、総ちゃんのためでしょ？」
正志「…うん」
早苗「分担しようか。私、黒島ちゃんを殺すから、あなたは」
正志「俺もやるの？」
早苗「パパも少しは家のことを手伝ってよ」

（第10話より）

久住譲×アンジェリーナ（エレベーター）

頬ずりするほどのエレベーター愛

「アンジェリ～ナ～！（エレベーターの壁にキスをしながら）アンジェリーナ、アンジェリーナ、ただいま、ほんと久しぶり」

（第15話より）

シンイー×クオン　不法滞在の切ない恋の行方

クオン　「今日から毎日夜の１時に寝る。シンイーも同じ時間に寝て？ しばらくは夢の中で会おう」
シンイー「…さみしいだっちゃ」
クオン　「大丈夫。ベトナムの言い伝えにね、〝トム・ハップ・ヌック・ズアに乗って空飛ぶ夢を見れたら結婚できる〟っていうのがあるんだ」

（第13話より）

佐野豪×本山幹子（ワニ）　ワニへの異常な愛情

「この子、頭がいいんで、ちゃんと名前呼んであげないと噛まれますよ。本山幹子さんです」

（第18話より）

って、みんな言い出して。
いち　翔太は三男なんだけど、これなら三つ子ってこともある？とか考え出したら、翔太も怪しくなって（笑）。そういうことを考える余白があるのがこのドラマの魅力だと思う。
ペチ　あと僕たちがすごく楽しみにしていたのが予告。そこまで重要じゃないシーンも意味ありげに編集されている…。毎回、予告を見て心が躍り、そして惑わされていました。常に犯人は誰？とかヒントはどこにある？とか考えながら見れたというのが、新しいドラマの楽しみ方だなと思いました。

黒島ちゃんの後を継いだのは総一ではないかと睨んでいる

〝伏線回収〟〝考察〟が話題になった本作。彼らの考察で当たっていたことも多かったそう。
いち　伏線は、動画のコメント欄に書き込んでくれた視聴者が出してくれたものを含めて、最終回直前でも100個以上残っていて。結構回収されていますが、かなり間違った考察も多くて…。
ペチ　〝黒島ちゃん双子説〟とかね。バッグの持ち方で判断できるんじゃないかとか、カバンの色や大きさなんかも真剣に調べました。
ケメ　翔太は「嘘をつくときに左手で右の胸をかくクセがある」と菜奈ちゃんが言ったもんだから、『―特別編』のプロポーズの写真が嘘じゃないかとか。最終的には、翔太〝寝すぎ説〟が出てきて…。これはすべて翔太の夢じゃないかって。
いち　考えすぎてしまってワケのわからない方向に進んでいる。でも、そうやって見ても楽しめるというのがこのドラマの面白いところ。
ペチ　こっちが勝手に疑問を持って解決していないことも多かった。菜奈ちゃんが「どうしても許せないことがある」と言った細川（野間口徹）の行動や急に登場した石崎健二（林泰文）のギターのシーンなど謎はまだあるんです。
ケメ　それを言うなら、やっぱりラストでしょ。江藤は黒幕ではなく内山みたいな存在で、じつは榎本早苗（木村多江）の息子・総一（荒木飛羽）が怪しいという説は残っているんですよ。
いち　Huluの黒島ちゃん編のラストで黒島ちゃんが総一に手紙を送っているしね。でも、総一は少年院に入っているでしょ。
ペチ　でも、時系列がわからないから。ラストは、黒島ちゃんが捕まってから結構経っているだろうし、総一も出てきているかもしれない。
いち　また考察が始まっている!!　でもラストも考えようによればまだまだ広がりがある。やってくれるよな～、このドラマって。
ペチ　続編を見たい。みんなのその後も気になるし、尾野ちゃんも捕まっていたら笑えるし。
ケメ　考察しながらドラマを楽しみたいね。

6969b ～ろくろっ首～

いちいち、サク、ペチ、ケメ・ロジェの4人からなるYouTuber集団。ドラマの考察動画や歌ってみた、検証動画などを配信中。『あな番』考察動画は、第9話あたりから再生回数が伸び始め、現在は登録者数3.5万人に。多くの謎を考察した。

左からペチ、いちいち、ケメ・ロジェ

#証言 YouTuber 6969b

最終考察

数多くちりばめられたドラマの謎について考察した動画が話題になったYouTuber、6969b。『あな番』のすべてを見尽くした彼らが、番組の魅力と気になる最終回の謎を考察する！

キャラクターがみんな愛らしい モブキャラは一人もいない！

第1話から必ず放送終了後に考察動画をアップしてきた6969b。彼らを虜にした番組の魅力は「モブキャラがいなかったこと」と語る。

いちいち（以下いち）　2クールで長いからこそ描けたというのもあると思いますが、ピックアップされる登場人物がすごく多くてみんな魅力的。

ケメ・ロジェ（以下ケメ）　なかでも好きだったのは久住譲（袴田吉彦）。不器用すぎて、脅されて殺人を犯してしまうというのがすごく人間くさくて愛らしいなって感じました。獄中でエレベーターの本を読んでいたのもかわいかった。

ペチ　僕は内山（大内田悠平）。じつは（大内田は）同級生なんですが、それを忘れさせてくれるくらい強烈なキャラで。第16話の「ブッルで〜す！」と言って死ぬシーンで失神したという話を聞いて、すごいって思いました。そして、彼こそが黒島ちゃん（西野七瀬）の計画を成功させた立役者。いろんなバイトをしたり、防犯カメラのデータを書き換えたり、かなり万能。そして、黒島ちゃんに「内山」と呼び捨てにされながらもけなげに頑張る姿は涙ものですよ。

いち　でも尾野ちゃん（奈緒）を超える人はいないでしょ。わざわざ語らなくてもいいくらいMVPな活躍で。そして、殺人に関してはなにもしていないというのも彼女らしい。あと蓬田（前原滉）や石崎洋子（三倉佳奈）もよかった。彼らみたいにメインストーリーや殺人にも関わっていないのに視聴者の記憶に残っているのがこの作品ならでは。もちろん菜奈ちゃん（原田知世）と翔太（田中圭）も好きだったけど。

ペチ　そういうサブキャラが光っているから、殺人以外の話も面白いし、気になるし。

ケメ　そういや、南（田中哲司）がYouTuberっていうのも笑えたな。

ペチ　彼に関しては当てたよね。部屋にカメラがたくさんあったから、あの人は普通じゃない、YouTuberだって。僕らだからわかった（笑）。

いち　そういう意味で謎が残っているのは、江藤（小池亮介）。『―Hulu編』を見ても彼のバックボーンについてはあまり描かれていなくて。ラストシーンの黒幕説もあるけど、そこまで彼は賢いのかっていうと疑問で。一体、何者なんだろう。

ケメ　見返すほど怪しく感じる人物。これは僕たちの中で残された謎なんです。

キャラの濃さと同時に小道具やセットの作り込みもこの作品ならではと言う3人。

いち　僕らは考察するために何度も本編を見たんですが、毎回違う発見がある。

ケメ　1度目はストーリーを追うんですが、それ以降はキャラの行動や小物とかを中心に見たりして。正直、ちょっとしか出てこない書類とかもきちんと作り込まれていたから、そこにも物語の謎を解くヒントがあるんじゃないかって、かなり注目しました。ちなみに、菜奈と翔太の婚姻届だと、翔太の親が意外と若いのが怪しい

奈緒が見た！『あな番』現場の裏側

事件の陰には尾野ちゃんあり…。そんないろんなことを知っている尾野ちゃんを演じた奈緒が撮影現場の裏側を大暴露！　みんなの意外な素顔が垣間見られる。

尾野ちゃんは純粋な女の子
愛されキャラになったのはうれしかった

奈緒が演じた尾野ちゃんは、マンションの住人を観察し、どこか怪しい行動をとる女性。最後まで犯人候補の一人だった。

「クセが強い女の子役というのは聞いていましたが、ここまで強いとは（笑）。そして、これは予想もしていなかったんですが、第1章が終わった頃には尾野ちゃん犯人説が出てきて…。最初に監督から『かわいいと不気味の間でやってほしい』と言われたことを常に考えて演じた結果でした。もうこのまま嫌われて突っ走るのもアリだなと思いましたね」

思いを寄せる翔太に対して行った過剰ともいえるプレゼント攻撃（※P54参照）も話題に。

「手作りプレゼントはパンチがありましたね。一番すごいと思ったのは涙。涙を集めて瓶に入れているという行動がもう衝撃で。でもそれが尾野ちゃん。彼女らしいと納得するところもありました。あとウエハースも印象的。病室で食べるシーンがありましたが、大きいので口の周りにあたってウエハース負けしちゃうんです。でもこんな規格外のスイーツからプロテインまで、一生懸命作っていたんだと思うと愛らしいです」

周りから見れば過激な行動も、尾野ちゃんにとっては筋が通った行動だったと奈緒。

「Hulu編で『なんで人のものをとるの?』と聞かれて『だって隣の芝生は青く見えるって言うじゃないですか』って答えていて。これを読んだときに、あー、この人は幼児性がちょっと強いけど、誰もが思うことをそのままやっているんだ、純粋だなって思いました。そして奪った後、興味を失くすのも子どもっぽいし。ただ、私はひとつ期待していることがあって…。ラストで水城刑事にプレゼントを渡していますが、彼が彼女を変えてくれるんじゃないかなって。本物の愛を教えてあげてほしいです。彼女は猫をかわいがるピュアなところもありますし、全然、イヤな子ではない。そういうところが視聴者のみなさんにも伝わって、最後には愛されるキャラになったと思うので」

一番好きだったシーンを聞いてみると…。

「全部好きだったんですが、Hulu編で寝ている彼氏にタトゥーを入れるのは面白かった。見た目はいつものお団子ヘアでなく、髪を下ろして生活感があるのにやっていることは相変わらず。彼女の中身に触れたような気がしました。あと大変だったのは、黒島ちゃんに緑の霧を吐くシーン。意外と前に飛ばず、一人、壁に向かって練習しました。その成果が出て、本番ではなんとかキレイに吹けてよかった。ただあの行動については謎も多くて…。なんだったんだろう。いまだに気になります」

血まみれの惨殺シーンなど怖いシーンも多かったが、現場では意外と楽しみながらやっていたとのこと。

「佳世さんのシーンは怖かったですね。自分のシーンはそんなに怖いシーンはありませんでした。『あな番』あるあるなんですが、現場では意外と怖くないんですよ。どちらかといえば楽しみながらホラーなシーンを撮っていて。でもテレビで見てみるとめちゃくちゃ怖い。本当に編集の技術ってすごいんですよ。そういう怖いシーンや尾野ちゃんが出てくる面白いシーンなど、いろんなものがたくさん詰まっているのがこの作品ならでは。〝考察ブーム〟なんていわれていましたが、最初は予想もしていませんでしたから。この作品は、私たち演者とスタッフ、視聴者のみなさんが一緒に楽しみながら作っていった作品だと思います。実際に私も楽しく演じさせていただきました」

なお　1995年2月10日生まれ、福岡県出身。連続テレビ小説『半分、青い。』（NHK総合）で注目を集める。『やめるときも、すこやかなるときも』（日本テレビ系）など話題作に続々出演。

奈緒の出演者裏顔メモ

田中 圭
（手塚翔太）

「頼りになる座長です。いつもみんなを緊張させず、その場にいて、お芝居に入ったらグッと引っ張っていってくださる。以前、共演したことがあるんですが、そのことを覚えてくれていて『度胸ついたな』って言ってくれました。すごくうれしかったです」

原田知世
（手塚菜奈）

「知世さんは〝絶対ヒロイン〟です。みんな知世さんの笑顔に癒されていました。菜奈ちゃんが亡くなったときは、メンバーも本当に落ち込んでしまって（笑）。回想シーンなどで現場に来てくださるときがみんなのご褒美タイムみたいな感じで、すごく士気が上がっていました」

峯村リエ
（赤池美里）

「休憩中はよくおしゃべりしていました。美里さんが亡くなったあとも『見てるよ〜』って言ってくれて。ちなみにメンチカツのシーンは繰り返し何度も見るほど大好き」

竹中直人
（床島比呂志）

「住民会の雰囲気を作ってくれたのが竹中さん。初めましての人が多いなか、冗談を言って楽しい空気を作ってくださった。そして自由にいろんなことをやられていて、もうここは楽しめばいいんだとみんなが思ったと思います。ちなみに、映っていないですが、交換殺人の名前は（シャレで）『奈緒』って書いてたんです」

木村多江
（榎本早苗）

「住民会の席順ってじつは毎回変わっていて…。ラスト近く、多江さんの隣の席になったときはすごくうれしくて。お芝居中もつい早苗さんを見ちゃって、いろいろお芝居を仕掛けちゃいました（笑）。そしてそれを多江さんは受け止めてくださるんです。やはりやさしい方です！　現場をやさしくて明るい雰囲気にしてくれる住民会のムードメーカーは多江さんでした」

片桐 仁
（藤井淳史）

「竹中さんと生瀬さんにいつもちゃんとツッコミを入れていて、お三方のやりとりでいつも笑っていました。夜道は危ないからって撮影が終わっても待ってくれて、一緒に電車で帰ったりしました。すごく楽しかったです」

生瀬勝久
（田宮淳一郎）

「竹中さんがいなくなった後、同じように冗談を言って楽しい空気を作ってくださったのが生瀬さん（笑）。冗談でも絶対疲れたとか言わない方で。そういう先輩の姿を見て、私も頑張ろう！と思いました。撮影後、私の演技について感想をくれて…。〝生瀬塾〟に通えたみたいでうれしかったです。『アプローチは間違っていなかった』という言葉は宝物です」

野間口 徹
（細川朝男）

「本編ではほとんど共演していないんですが、現場でエナメルバッグを蹴るシーンのことを聞いたら、『あれ、すごく気持ちいい。ふだんやれないことができるって楽しいよね』っておっしゃっていました。あの笑顔は忘れられません」

袴田吉彦
（久住 譲）

「本当にすごいですよ。ご本人の私生活を織り交ぜて人物を作っていて。すごくチャーミングで、この役ができるのって袴田さんしかいないなって思いました。久住さんの魅力って袴田さんの魅力だと思います」

横浜流星
（二階堂 忍）

「どんどん圭さんと仲よくなっていたのが印象的です。2人が話していると兄弟みたいでした。尾野ちゃんとのシーンは、カットがかかっても少し苦い顔をしていて（笑）。二階堂さんといつもリンクしていました」

西野七瀬
（黒島沙和）

「七瀬ちゃんは人見知りなんですが、カメラの前ではまったくそう感じさせない方です。真ん中にある芯がものすごく強いんだなと感じました。同じシーンが増えていくなかで七瀬ちゃんのお芝居への熱い思いをどんどん感じて、一緒にできて本当に楽しかったです」

田中要次
（浮田啓輔）

「じつは最初の住民会のとき、ボールペンを尾野ちゃんが浮田さんに貸しているのですが、それは要次さんが『ここ尾野ちゃんに借りようかな？』って提案してくださったんです。それを視聴者の方が気づいてくださって考察されていました。お気に入りのシーンです」

番外編

安藤政信
（佐野 豪）

「同じシーンはまったくなく、ほとんどお会いできなかった。でもあの役を安藤さんがやっているということ自体が面白いなって思っていて。私、佐野さんが好きなんですよ。ちなみに安藤さんは『オレ、このまま なにもせずに終わるのでは？』と心配していたと聞きました。本当にただのワニを飼っている人でした（笑）」

オランウータンコラム④

絶品！翔太の簡単鍋レシピ

『一反撃編』のほっこりするシーン、翔太が二階堂にふるまった鍋をご紹介！

#13 ミルフィーユ鍋

材料 2人分

- 豚バラ薄切り…200g
- 白菜…1/2株
- しめじ…1パック
  小房に分ける
- 絹豆腐…1丁
  食べやすく切る
- ニンジン…1/2本
  輪切り
- 水菜…2束
  4cm幅に切る
- 寄せ鍋のつゆ

作り方 白菜と豚肉を交互に重ねて、4～5cm幅に切り、鍋に立てて詰める。中心に豆腐、しめじ、ニンジン、水菜を置き、つゆを入れて煮る。

#12 寄せ鍋

材料 2人分

- 鶏モモ肉…100g
  一口大に切る
- 白菜…1/8株
  食べやすく切る
- ニンジン…1/2本
- しいたけ…適量
- 水菜…適量
- 長ねぎ…1本
  斜め切り
- 油揚げ…1枚
  短冊に切る
- えのきだけ…1パック
  石突きをとる
- 豆腐…1丁
  食べやすく切る
- 寄せ鍋のつゆ

作り方 鍋につゆを入れて温め、鶏肉を入れて火を通し、その他の材料を入れて煮る。

#16 餃子鍋

材料 2人分

- 餃子…10個
- しめじ…1パック
  小房に分ける
- 白菜…1/4株
  食べやすく切る
- ニンジン…1/2本
  輪切り
- 長ねぎ…1本
  斜め切り
- 水菜…2束
  4cm幅に切る
- ニラ…5本
  4cm幅に切る
- 鶏白湯鍋のつゆ

作り方 鍋につゆ、野菜、餃子を入れて煮る。

#14 すき焼き

材料 2人分

- 牛肩ロースすき焼き用
  …200g
- しいたけ…4枚
  石突きをとる
- 春菊…3束
  食べやすく切る
- 長ねぎ…適量
  斜め切り
- ニンジン…適量
  輪切り
- 卵
- すき焼きのたれ

作り方 鍋にすき焼きのたれを入れ、材料を加えて煮る。溶いた卵をつけて食べる。

#18 夏野菜鍋

材料 2人分

・鶏モモ肉…200g
　一口大に切る
・ズッキーニ…1/2本
　輪切り
・とうもろこし…1本
　ゆでて4等分に切る
・キャベツ…1/4株
　一口大に切る
・赤・黄パプリカ…各1/2個
　2cm幅に切る
・オクラ…4本
　塩をまぶして板ずりする
・ニンジン…1本
　ピーラーでリボン状に
　スライスする
・トマト…1個
　皮を湯むきする
・塩ちゃんこ鍋のつゆ

作り方 つゆを温め、鶏肉に火を通し、他の野菜を加えて煮る。

#17 冷やしおでん

材料 2人分

・トマト…2個
　皮を湯むきする
・とうもろこし…1本
　ゆでて4等分に切る
・オクラ…4本
　塩をまぶして板ずりする
・大根…厚さ2cm2枚
　輪切りにして下ゆで
　する
・こんにゃく…1/2丁
　三角に切る
・焼きちくわ…1本
　斜めに半分に切る
・ソーセージ…4本
・ゆで卵…2個
・おでんのつゆ

作り方 材料をつゆで煮て、そのまま冷まし、粗熱がとれたら、冷蔵庫で冷やす。

#20 チゲ鍋

材料 2人分

・鶏団子…10個
・白菜…1/4株
　食べやすく切る
・木綿豆腐…1丁
　食べやすく切る
・ニンジン…1/2本
　輪切り
・長ねぎ…1本
　斜め切り
・しめじ…1パック
　小房に分ける
・豚バラ薄切り…100g
　一口大に切る
・白菜キムチ…50g
・玉ねぎ…1/2個
　1cm幅に半月切り
・キムチ鍋のもと

作り方 キムチ鍋のもとを鍋で熱して鶏団子、豚バラを煮て、野菜、豆腐、キムチを加える。

#19 担々鍋

材料 2人分

・豚バラブロック…
　200g
　下ゆでして食べやすく
　切る
・豚ひき肉…100g
・えのきだけ…1パック
　石突きをとる
・木綿豆腐…1丁
　食べやすく切る
・長ねぎ…1本
　斜め切り
・チンゲンサイ…1株
　縦半分に切る
・担々鍋のつゆ

作り方 炒めた豚ひき肉を担々鍋のつゆで味つけする。鍋につゆと材料を入れて煮る。上に豚ひき肉を盛りつける。

鍋COLUMN

すき焼き風も好きでしたが、やっぱりシンプルな寄せ鍋が一番。白菜最高！　本番前のテストのときからずっと食べていました。どれも美味しくて、流星が食べないで待っていると、「ほら食え」と言って食べさせて（笑）。一緒に満腹になっていました。　**田中 圭さん**

鍋好きなので、翔太の鍋を食べられるシーンは楽しみでした。全部美味しかったけど、特にチゲ鍋が好き。冷やしおでんも斬新でした。最初は全然食べなかったのに、最終的にもりもり食べている姿で、二階堂の翔太に対する態度の変化を楽しんでもらいたいです。**横浜流星さん**

スタッフは見ていた！

あな番制作日誌

次々と殺人事件が起こり、自分もいつ殺されるかと疑心暗鬼に。撮影現場もさぞ殺伐としていると思いきや…まさかのアットホームな雰囲気。公式SNSで配信された彼らの「裏の姿」を、配信日の日付とともにハッシュタグ風日誌でお届け！

#鏡越しでもイケメン#腕のスジも萌え#マンツーマン指導希望な件

#愛する理想の妻の肖像画#お値段30万円ナリ#そりゃモテんわ

#キウンクエ蔵前#前室女子会#黒幕は誰か#井戸端会議なう

#血だらけオフショット#安心してください#生きてますよ

#一応捜査頑張ってます#すみだ署トリオ#榎本さん足長!?

#すやすや翔太くん#その1#見守る菜奈ちゃんが可愛い件

#すやすや翔太くん#その2#女子に囲まれても爆睡#無防備すぎ

#住民会シーン直前#前室はわちゃわちゃ#差し入れ祭り

#もぐもぐ黒島ちゃん#ガン見する袴田似の男#気をつけて

＃テーブルからひょっこりはん♪＃お揃いポーズ＃美男美女の幸福な食卓＃手塚家のヘルシー朝ごはん＃パン派なのね

＃児嶋夫妻の貴重な仲よしカット＃こんなラブラブな頃も＃あったのよ

＃菜奈ちゃんモテモテ＃翔太vs.アニキ＃みなさんはどっちがお好み？

＃翔太のお手軽筋トレ講座＃けっこうお手軽じゃなかった説

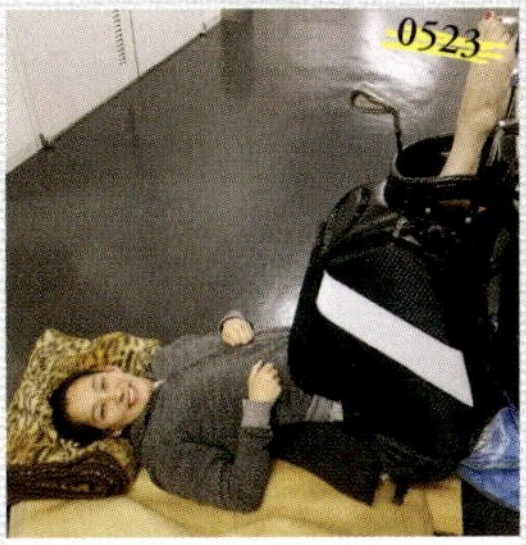

＃じつはこうなってました＃殺されるのも一苦労＃生足のリアルさたるや

＃尾野ちゃんスマイル＃翔太の微笑み返し＃かなりひきつってる件

＃浮田さん死体役なのに＃娘からもらい泣き＃バスローブ…あるよ

＃なーちゃんハピバ～＃住民会でお祝い＃両脇のテンションｗ

＃袴田吉彦さん演じる俳優・袴田吉彦＃劇中では龍馬役＃カオスｗ

＃愛する２人鍛える２人＃翔太ズブートキャンプ＃トレーニングは少し甘め＃翔太の右手＃けっこう手伝ってます＃目指せムキムキ菜奈ちゃん！

＃エレベーター落ちのお2人＃アニキと久住くん＃じつは同い年コンビ

＃さわやか女子会＃あふれるマイナスイオン＃癒やされる…

＃すやすや翔太くん＃その3＃このソファフィット感最強説

＃コスプレが尊すぎる件＃このお店どこですか？＃食べログ満点

＃お揃いブラックコーデ＃衣装も怪しい2人＃意外とお似合いか

＃圭さん35歳のお誕生日に＃知世さんキター＃1カ月ぶりの再会

＃アニキと久しぶりの再会＃みんな大好き＃イケメンサンドイッチ

＃尾野ちゃんルームへようこそ！＃床島さんからのプレゼント

#凍ってませんよ#メイクですよ
#じつは現場は暑かった

#や、アオハルかよ#女性陣浴衣美しい#こんな青春したかった

#ドSな桜木ちゃんの前では翔太もタジタジ#あれ!?　立場逆転？

#微笑むお茶目なフランケン神谷
#特殊メイクの迫力たるや

#キュートなおそろポーズ#同い年の仲よしトリオ#チーム24

#流星さん&奈緒さん#超問クイズ戦利品#真実の口で犯人探し？

#ひまわりより眩しい#美男美女#眼福#どーやん初彼女がこんなに可愛くてうらやましい#と思ってましたよね#この頃は

#仲よし榎本家#お気づきいただけただろうか？#背後にあの人がっ

#珍しい「田中さん」3ショット#そらくんかわよ#こんなパパ欲しい

＃アーティスト手塚翔太＃レコーディング中＃合計3曲できました＃想像以上に美声でエモい件＃会いたいよタイム＃また翔太に会いたいよ

＃満員御礼＃芝居からの＃まさかの歌謡ショーw

＃神谷刑事と水城刑事＃おいおい＃霊安室のシーンだぞー

＃やっちゃったトリオ＃スウェット姿で＃独房からクランクアップ

＃謎の舞＃つーるの舞＃君子さんは体操の先生なのよ

＃ワニの名前は＃本山幹子さん＃意外とカップル感強め

＃ダブル田中＃ハイ、刺さってますよー＃って楽しそう

＃キウンクエ蔵前大忘年会＃この頃は平和だったのにね

＃あら、今日はどーやんも＃兄弟感あふれる美しい寝顔たち

＃内山君が自然に笑ってる！＃クランクアップの解放感たるやw

＃懐かしき２人組＃１話のみの共演＃でも本当は長年の友人です

＃知らぬ間にカップルになってた2人＃尾野ちゃんにスルーされた蓬田って

＃眼福バディ＃2人の笑顔の前では＃スカイツリーすら曇りがち

＃すやすや翔太くん＃その4＃そっとしてあげる優しいどーやん

＃給食着でプロポーズ＃この2人が一番イイ奴だった件＃幸あれ

＃祝クランクアップ!!＃菜奈ちゃんもかけつけてくれた＃最終回のクライマックス＃達成感あふれるお3方＃お疲れさまでした

＃微笑ましいけど…＃この絵面の破壊力＃あな番いちの出血量!!

＃やっぱりベストカップル＃この菜奈ちゃんと翔太くんが見たかったのよ

Huluオリジナルストーリー

「扉の向こう」

住人プロファイル

動画配信サービス「Hulu」限定で配信されたスピンオフドラマ『扉の向こう』。それぞれの部屋を舞台に、本編で謎に包まれてきた住人たちの奇妙な行動の理由が暴かれていく。ここでは、そんなアナザーストーリーから見える住人たちの真の姿とその物語を完全紹介。

フールー で検索

403号室

住人

藤井淳史

43歳・医師

20年間彼女なしのコンプレックスを抱える整形外科医

PROFILE

三流医大を出て、大学病院の整形外科医として勤務。独身。結婚願望は強いが、この20年間、彼女ができるどころかデートの誘いすら受けたことがないほどモテない。料理、洗濯などの家事は完璧。理想の妻として描いてもらった肖像画と奇妙な同居生活を送っている。「交換殺人ゲーム」では、〝Dr.山際〟としてメディアで活躍する大学時代の友人・山際祐太郎の名前を書いた。山際を強く妬み、悪口を書き込むためだけに作ったSNSアカウントを持っている。

STORY

「結婚7カ月おめでとう」。夕食のテーブルに藤井と向かい合って置かれた女性の肖像画。藤井は、自身の理想を集約して描いた〝妻〟と、結婚シミュレーション生活を行っていた。肖像画の妻は、有名人になって活躍する同級生の医師・Dr.山際への嫉妬心や、勤務先の看護師から投げかけられる辛辣な言葉から逃避させてくれる存在。肖像画と会話し、夫婦喧嘩、仲直りのキス、そして夜のベッドも…。それは、〝理想の妻〟との完璧な結婚生活だった。

考察FILE ここが怪しい!

悪口専用アカウントを保有

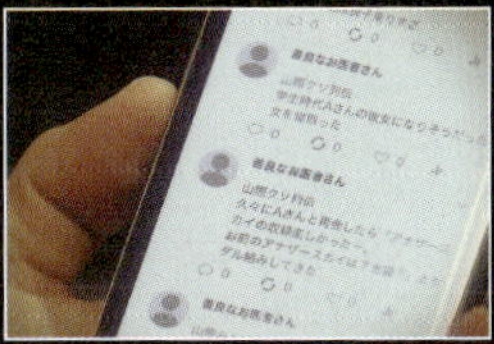

医大時代からの友人で、有名医師として活躍する山際祐太郎を強く妬む藤井。〝山際クソ列伝〟として、SNSに投稿してストレスを発散するが、バズったことはない。

〝理想の妻〟の肖像画との結婚生活

肖像画家に依頼し、画材にまでこだわって描いてもらった〝未来の妻〟と生活をともにする。絵は、数カ月かけて完成させた30万円の代物。ふだんは、玄関の壁に設置。

勤務先の看護師から言われたい放題

看護師・桜木るりからは「プレゼントを渡す人がいるイメージがない」、「キモい」などと、罵られる。藤井も面倒に思っているが、結果的に2人はつき合うことになる。

502号室

住人

赤池美里 50歳 主婦

夫・**吾朗** 52歳 商社勤務

姑・**幸子** 78歳

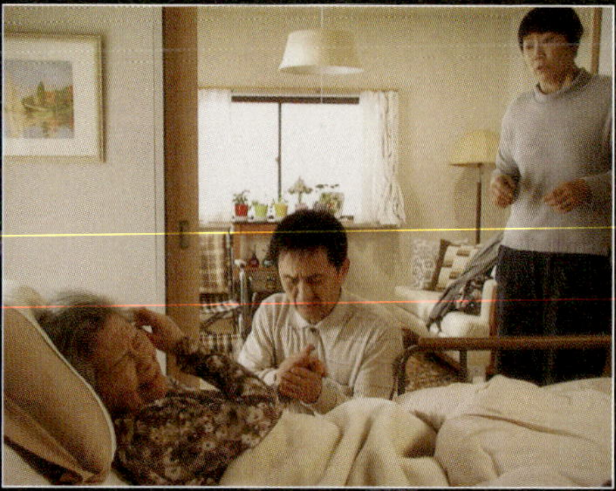

嫁をいびる姑、傍観する弱腰夫に陰で仕返しする妻

PROFILE

美里は専業主婦。車椅子生活を送る同居の姑・幸子を介護しているが、周囲のイメージとは違い、幸子からの執拗な嫁いびりに疲れ果てている。「交換殺人ゲーム」に参加した美里は、幸子の名前を書く。美里の夫・吾朗は、大手商社に勤務。気が弱く、嫁と姑の不仲を知りつつも、見て見ぬふりをしている。美里は自身の誕生日をサプライズで祝おうとしたところ、吾朗とともに首を切られて殺される。一人残された幸子は、介護施設に入居することになる。

STORY

夫・吾朗の視点で赤池家を描く。吾朗は、母親の介護を献身的に行う妻・美里に感謝しているものの、美里には少しガサツな部分があると感じており、それが原因で嫁姑の不仲が生じているのではないかと心配している。ある日、嫁姑問題を解決する糸口を探るべく、ネットサーフィンをしていたところ、姑に対する殺意に溢れたブログを見つける。世の中は我が家より病んでいると安堵する吾朗だったが、その安心も束の間、それが美里のブログだと判明し…。

考察FILE ここが怪しい!

パセリ一筋30年の夫

吾朗は、大手商社に入社以来、国内パセリの担当を任されている。家庭でもセリーヌ、パ二郎などと名前をつけて栽培。かけがえのない家族として愛情を注いでいる。

大量のゴキブリで嫌がらせ!

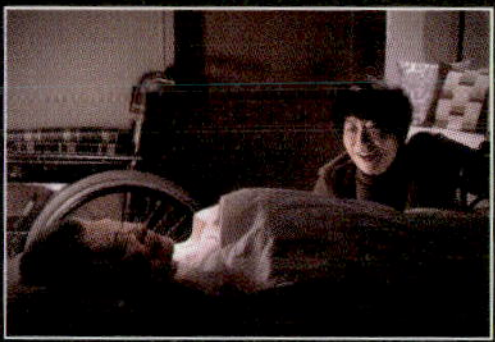

ゴキブリが大の苦手の幸子。日頃の嫁いびりの仕返しをすべく、美里は幸子のベッドの下にゴキブリ駆除商品を大量に並べ、密かにゴキブリをおびき寄せようと画策。

食前に怪しい健康ドリンク

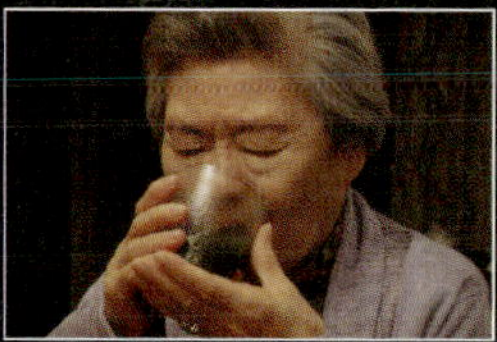

食前に緑色のドリンクを飲むのが日課の幸子。体を気遣う美里が手作りしたものだが、その正体は、塩を大量に投入して作っている〝血圧爆上げドリンク〟だった。

304号室

住人

北川澄香

42歳・ラジオパーソナリティ

息子・そら

5歳

仕事と子育てに追われるシングルマザー

PROFILE

ラジオのパーソナリティとして働く、シングルワーキングマザーの澄香。保育園に通う一人息子・そらとの二人暮らし。早朝と夜の番組を担当し、番組の終了後に帰宅して息子を保育園に送るのが日課。実母には仕事への理解を得られておらず、折り合いがよくない。102の住人・児嶋佳世に息子を預けることもあるが、彼女のそらへの異常な執着を訝しがり「交換殺人ゲーム」では児嶋佳世の名前を書く。殺人の連鎖から息子を守るため、マンションから引っ越す。

STORY

忙しい母親にかまってもらえず、寂しい気持ちを我慢しながら過ごす澄香の5歳の息子・そら。澄香のラジオ番組を聴きながら、一人で朝食と保育園の身支度を済ませ、夜の番組が終わって澄香が帰宅するのを眠気と戦いながら待つのが日課だ。父親の記憶はなく、「ママは僕が守らなければならない」と思って健気に頑張るが、時折、仮病を使って澄香の気を引こうと試みる。そんなそらが、澄香のラジオ番組に投稿。心に秘めていた寂しさを吐き出すのだった。

考察FILE ここが怪しい!

✓ 5歳なのになんでも一人でこなす息子

そらは、昼夜なく働く澄香を支えるべく、留守番だけでなく、一人で朝食を食べ、身支度まで整える。さらには、保育園に提出する書類の確認まで行う。

✓ 仕事・ワンオペ育児の両立に苦闘

息子の急な発熱時には、実家の母親を頼ることもままならず右往左往。年末年始に帰省することもなく、休みの日も自宅で仕事をこなす澄香。

✓ 〝R.N.あおぞら〟からのお悩み相談

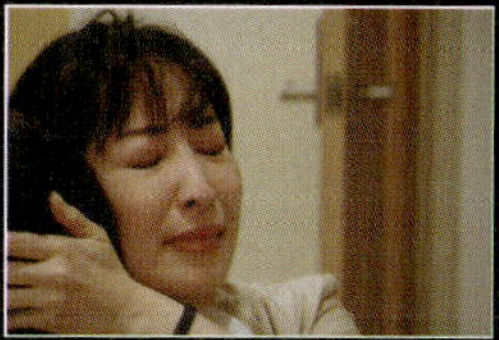

澄香の担当するラジオ番組に届いたラジオネーム〝あおぞら・10歳〟からの悩み。「僕の母はとても忙しい…」と話し出す…。その声の主は、なんと息子のそらだった。

102号室

住人

児嶋佳世

42歳・子供英会話教室講師

夫・俊明

45歳・地図会社勤務

不妊で子供に異常な執着心を持つ妻と不倫夫

PROFILE

英会話講師の佳世は、自宅で子供向けの英会話教室を開く。子供好き。夫との間に子供が出来ず、不妊治療など可能性を調べるなかで、子供への強い執着心を持つように。そしてマンション内の子供たちを執拗にかまい、トラブルを起こすことも。住民会には現れず、「交換殺人ゲーム」には参加していない。夫は、地図会社に勤務する〝地図オタク〟。子供を異常に欲しがる妻と距離を置き、別居。会社の部下と不倫。別居中に、佳世の遺体の第一発見者となる。

STORY

結婚を機に、英会話学校を退職。マンションを購入して新婚生活をスタートさせた佳世。男の子なら「やすたか」、女の子なら「すみれ」と名前まで考えて、いつか授かるだろう子供との生活をなにより楽しみにしていた。しかし、不妊検査の結果、2人の間に子供を授かることは困難だということが判明し…。どうしても子供が欲しい佳世と夫の心は、日を追うごとに離れていく。そんなある日、夫が会社の部下と不倫旅行をしていたことがわかる。

考察FILE ここが怪しい!

✓ GPSログで「カヨ♥トシアキ」

車のGPSログで地図上にメッセージを描きながら国内旅行を楽しむ夫婦。将来は、子供と一緒に世界地図でメッセージを作成することを楽しみにしていた。

✓ 不妊治療を機に壊れる夫婦仲

不妊の原因が自分にありながら、治療に積極的でない夫に対し、精子提供ボランティアとホテルに行くなど、手段を選ばない佳世。2人の溝はどんどん深まっていく。

✓ 自宅で子供向けの英会話教室を開く

子供のいないつらさを紛らわすため、夫の提案で、佳世は自宅の一室で子供向けの英会話教室を開く。マンションの子供たちを招き、心から笑える時間を過ごす。

201号室

住人
浮田啓輔
55歳
暴力団構成員

居候・妹尾あいり
21歳
メンズエステ勤務
→アルバイト

居候・柿沼 遼
21歳
浮田の子分
→アルバイト

**居候娘を育てながら、
普通の家庭に憧れる
暴力団構成員**

PROFILE

浮田は暴力団の下っ端構成員。曲がったことが嫌いで何事にも筋を通すタイプ。暴力団構成員ということを大っぴらにせず、柿沼には、〝社長〟と〝従業員〟という呼び名で関係性を説明させようとしている。10年以上前に、なりゆきであいりの面倒を見ることとなり、父親代わりを務める。「交換殺人ゲーム」では、「赤池美里」と小さな文字で書くというトラップを仕掛け、独自に犯人を探すが、それが仇となり殺害される。居候のあいりと柿沼は恋人同士。

STORY

まっとうな父親として、家庭を持つことに憧れを持つ浮田。ある日、娘のようにかわいがっているあいりと恋人関係である柿沼との大ゲンカに出くわす。「（柿沼を）殺す！」と叫んで激高しているあいりを見て「どうしたらガキはまともに育つんだ」と頭を抱えつつ、柿沼とともにあいりの怒りの原因を探る。ヒントは「夜景」、「○○ニーランド」、「フラッシュモブ」。頭を抱える２人。答えが導き出せない浮田と柿沼を前に、あいりが話した怒りの理由とは。

考察FILE ここが怪しい！

怒るあいりに土下座！

強面の浮田だが、あいりにはめっぽう弱い。玄関の外で暴れているあいりのご機嫌を取るためなら、強面暴力団構成員の浮田であっても、簡単に土下座する。

浮田考案！プロポーズ大作戦

柿沼にあいりへのプロポーズの方法を相談された浮田は、くす玉を提案。そして「お前（あいり）のためだったら、できることはなんだってやりたい」と話した。

浮田が殺人の仕方を伝授

自分より大きな体の相手を簡単に殺害する方法をあいりに教える浮田。あくまで護身術として「俺に教えられるのはこれくらいしかねーからよ」と。

101号室

住人

久住 譲

45歳・エレベーター管理会社勤務

俳優・袴田吉彦にそっくりのエレベーターマニア

PROFILE

独身。エレベーターの管理会社に勤務。エレベーターマニアで、専門誌「月刊　昇降機」を愛読。マンション内のエレベーターに「アンジェリーナ」という愛称をつけている。たびたび俳優・袴田吉彦に間違われるほど似ており、外出時はサングラスとマスクを必ず着用する。結婚目前の恋人がいたが、袴田の不祥事がきっかけで破局するなど、似ていることで人生を狂わされてきたと自覚。「交換殺人ゲーム」では、〝袴田吉彦〟の名前を書く。

STORY

「いい加減、罪を認めてください！」。ある日、半狂乱で叫ぶ女性が自宅を訪れ、久住に迫ってきた。しかし、女性が責め立てるべき本当の相手は俳優・袴田吉彦。あまりに容姿が似ているため、勘違いで久住宅に襲来したのだ。なんとか女性を撃退するも、その日から、電話番号、自宅住所が袴田のものとして晒され、いたずら電話などの嫌がらせを受ける日々が始まる。そして、久住は気持ちを落ち着かせるため、エレベーターに籠るのだった。

考察FILE ここが怪しい！

袴田吉彦宅と勘違いし、見知らぬ女が侵入！

俳優・袴田吉彦の自宅と決めつけて、突然、久住宅に押し入る女性。身分証を見せるも、「どうして被害者面するんです？」と逆ギレされ、まったく信じてもらえず怒る久住。

心を落ち着かせるために般若心経を唱える

袴田吉彦宅として電話番号が晒され、留守電のメッセージが108件に。パニックになった久住は、電話線を抜き、真っ暗な部屋の中で、ひたすら般若心経を唱えた。

エレベーターを好みにカスタマイズ

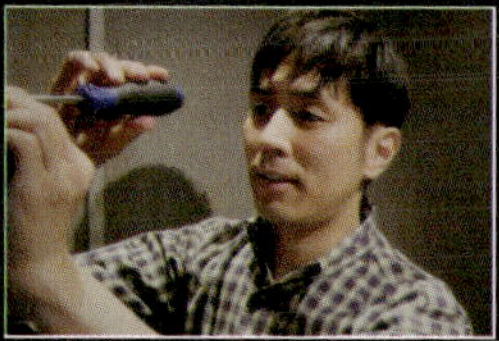

マンションのエレベーターのアナウンスが気になった久住。アナウンスの音量を下げ、「いい気晴らしを見つけた」と満足。嬉々として配線をいじるのだった。

104号室

住人

石崎洋子 35歳 主婦

夫・健二 39歳 区役所職員

娘・文代 9歳 小学生

息子・一男 6歳 小学生

妻が描く〝幸せ人生計画〟通りの生活を遂行する家族

PROFILE

専業主婦の洋子。学生時代に作成した理想の人生計画を書いたノートを持ち、それに沿って生活を遂行している。30代中盤の目標として立てていたマイホーム購入を達成し、「キウンクエ蔵前」に入居。区役所職員の夫、小学3年生の娘、小学1年生の息子との4人暮らし。娘は専業主婦、息子は地方公務員になることを理想としており、56歳で初孫を抱くことまで想定する。「交換殺人ゲーム」では、殺したい人が見つからず、自らの名前を書く。

STORY

25歳で地方公務員と結婚、26歳で第一子出産と、計画通りに順風満帆な人生を歩んできた洋子。ところが、ある日、帰宅した夫が口にしたのは「縄文食堂を開きたい」という突拍子もない夢。〝無謀で無計画な男のロマン〟と心の中で一蹴する洋子だが、よき妻として、金銭面や治安面での不安などを提示し、夫を夢から覚めさせるよう努力することに。しかし、遠回しに反対の意思を伝えても、夫の意志は固い。洋子は〝幸せ人生計画〟を遂行できるか!?

考察FILE ここが怪しい！

〝幸せ人生計画〟ノート

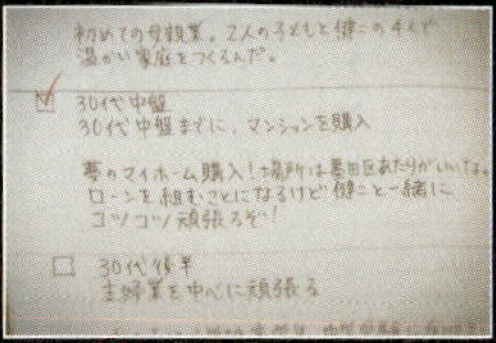

学生時代に〝考えて、考えて、考え抜いて〟作成した幸せな人生のための計画を記したノート。結婚から出産まで細かく計画。35歳の現在、ノート通りに進行している。

ストレスはトイレで発散

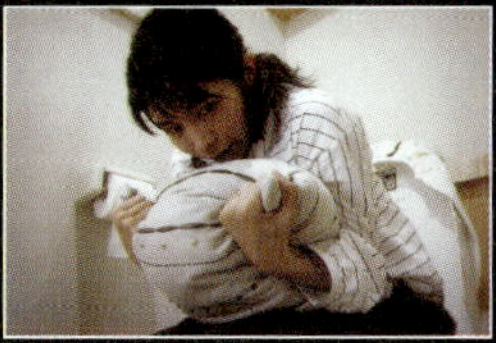

自分の立てた〝人生計画〟が崩れることが大きなストレス。しかし、よき妻・よき母でいるために、トイレにクッションを持ち込んで、こっそり憂さ晴らしをしている。

理想の追求に子供さえも利用

自分だけでは夫を説得できず、狂っていく〝人生計画〟の軌道修正が難しいとわかった洋子。すぐさま2人の子供を誘導し、夫を懐柔。家族を思い通りに動かしていく。

301号室

住人

尾野幹葉

25歳・有機野菜宅配サービス会社勤務

**相手がいる男性に
異常な興味を持つ
不思議ちゃん**

PROFILE

独身。元管理人・床島が入居者全員にプレゼントしていた手作りのネームプレートを使っており、その裏には8つの目を描いている。オーガニックが好きで、寿司店の出前用チラシにアレルギー表記がないことに対してクレームを入れるなど、こだわりが強い。つき合っている相手がいる（あるいは結婚している）男性に異常な興味を持ち、気になった男性にはオーガニックのウエハースを手作りしてプレゼントする。「交換殺人ゲーム」では、白紙で提出。

STORY

301の幹葉の向かいに引っ越してきた佐伯良樹と婚約者の舞島亜矢子。他人のものがよく見える幹葉は、すぐに佐伯を横取りするために、行動を開始する。自分を名前で呼ぶように伝えたり、手料理を振る舞い、挙げ句は婚約者の亜矢子が浮気をしていると嘘の耳打ち。佐伯と亜矢子をケンカさせ、佐伯を寝取って婚約破棄させることに成功する。ところが、佐伯を自分のものにした途端、幹葉の態度は豹変。「好きだよ」と言われても無表情で応えるのだった。

考察FILE ここが怪しい!

超ジャンクフードを食べている!

人には、大豆のベジミートのオーガニック料理を振る舞いながら、自分はご飯の上にポテトチップスと大量のマヨネーズで、「食べたいもの食べたいじゃないですか」と。

カップルの彼氏を横取りするのが好き

カップルを見るや否や、ロックオン！　男性を自分のものにすべく、あの手この手で迫り、仲を壊す。「隣の芝生は青いっていうじゃないですか」と悪びれる様子はない。

自分のものになった人には興味がない

狙った相手が自分のものになると、突然、なにも尽くさなくなる。去る者は追わないが、横恋慕が成功した証として鍵などの「戦利品」を相手から得ることにしている。

402号室

住人

榎本早苗 45歳 主婦

夫・**正志** 48歳 警視庁すみだ署生活安全課課長

息子・**総一** 14歳

溺愛する息子を軟禁する妻と警視庁勤務の夫

PROFILE

住民会会長を務めていた専業主婦の早苗。夫の正志は警視庁すみだ署生活安全課課長を務め、出世争いの渦中。夫のことは「パパ」と呼び、「キウンクエ蔵前」に入居時から隠し部屋を作って軟禁している息子のことは「総ちゃん」と呼んでいる。「交換殺人ゲーム」では、そのことをネタに脅迫してきた元管理人・床島の名前を書いた。息子の総一は、一見やさしい少年に見えるが、じつは「人が死んでいくところを見てみたい」という危険思想を持つ。

STORY

数年前、「キウンクエ蔵前」に引っ越してきた榎本夫妻の部屋には、鍵がかかる謎の部屋があった。そこは、マンションの住民に秘密にしている息子・総一の部屋。食事は早苗が部屋まで運び、トイレのときは手錠をして連れていく。信じられないような光景だが、これが榎本家の日常であり、早苗は〝いたって普通の家族〟と信じている。そんな平穏な日々を揺るがす一通の手紙が届いたことで、状況は一変。早苗と夫の正志は狂気の非日常へ放り込まれる。

考察FILE ここが怪しい!

隠し部屋に息子を軟禁

可動式の棚の奥にある隠し部屋は、一人息子の総一の部屋。外から鍵がかけられている。携帯電話など外部との通信手段はなく、ラジオのみが与えられている。

息子に手錠をかける母

総一が部屋を出てトイレに行くときは、監視する者と手錠で繋ぐ。手錠をはめると、手首が痛くなると夫が話すのを聞き、早苗は毛糸で手作りの手錠カバーをつけた。

奇妙な巨大段ボール箱!

「キウンクエ蔵前」への引っ越し時、総一の急病で外出を余儀なくされる。その際、特大の段ボール箱で総一を運搬。住民に怪しまれるも、中身は犬だと嘘をつく。

203号室

住人

シンイー 22歳 留学生

同居人・**クオン** 21歳 左官見習い

同居人・**イクバル** 45歳 SE

愛嬌ある言葉を使う 中国人留学生と 同居する外国人たち

PROFILE

中国から来た留学生のシンイーは、アルバイトをしながら生活費を稼ぐ。日本語での日常会話は問題ないが「狐に〝包まれる〟」など、ちょっとした間違いを指摘されることも。「キウンクエ蔵前」には、インターン先で知り合ったSEでバングラデシュ人のイクバルに誘われて入居。すでに同室に入居していたベトナム人のクオンを含めた３人でのルームシェアがきっかけで、クオンとは恋人同士に。「交換殺人ゲーム」では、アルバイト先の店長の名前を書いた。

STORY

中国人のシンイー、ベトナム人のクオン、バングラデシュ人のイクバルの３人は、お互いの文化を認め合いながらシェア生活をエンジョイしていた。ところが、面倒見のいいイクバルが次々と困った人を部屋に住まわせていき、部屋は大混乱。困ったシンイーは、思い切って、新たな同居人たちに、部屋から出ていくよう啖呵を切ったのだが、逆に彼らのやさしさに触れるきっかけとなり…。シンイーは困っている人たちを同居人として迎える覚悟を決める。

考察FILE ここが怪しい!

✓シンイー&クオンは ラブラブな恋人

出会ってすぐに、イケメンでやさしいクオンはシンイーのお気に入りに。恋人同士の２人は、同居人の目が気になって、なかなか〝イチャコラ〟できないのが悩み。

✓同居人がどんどん 増える!

イクバルが困っている人を次々と同居人として連れてくるため、部屋は大混雑。シンイーは彼らに出ていくよう促すのだが、イクバルのお人よしは相変わらずで…。

✓イクバルが作った 謎の祭壇

先祖代々伝わるお守りや手作りのオブジェなど、同居人たちが置いていった品を祀った祭壇。シンイーとクオンが気づかないうちにイクバルが作っていた。

401号室

住人
木下あかね
38歳・フリーライター

**ゴミ出しにうるさい
ミュージカル好き
フリーライター**

PROFILE

独身。ゴミの出し方にうるさく、欠席した住民会の多数決でマンションの清掃係に任命される。黒が好きで、いつも黒い服を着ており、自分のことを〝嘘つく女〟だと言う。成人向け週刊誌からティーン向けファッション誌まで、幅広くライター業を行いながら、５年かけて「ひよこ鑑別師」についての長編ノンフィクション小説を執筆。大のミュージカルファンで、仲間と一緒に観劇を楽しむことも。「交換殺人ゲーム」には、参加していない。

STORY

「すみだ大学PR動画」を撮影すべく、インタビュアーの韮沢隆は、大学のOGである木下あかねの部屋へやって来た。フリーライターの彼女に密着取材をするためだ。週刊誌からファッション誌まで、どんな仕事も手を抜かず記事を書くという彼女だが、じつは５年かけて、世界を変えるような今まで誰も知らなかった出来事をテーマにした長編ドキュメンタリーも書き上げているという。本として出版するという担当者からの返事を待っているというのだが…。

考察FILE ここが怪しい!

✔熱狂的なミュージカルファン

とくに、山崎育三郎推し。壁には、山崎育三郎初のオリジナルアルバム『I LAND』のジャケットポスターを飾り、神棚にまで彼の写真を置いて祀っている。

✔ミュージカル劇場の空気を保存

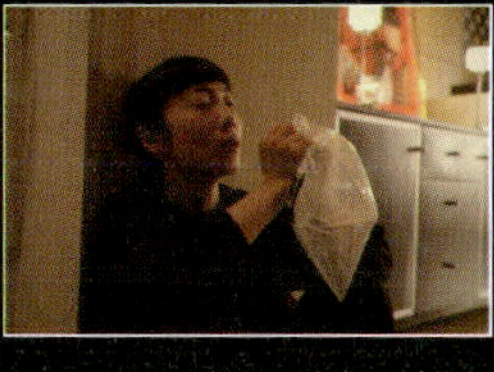

ミュージカル劇場の空気を〝俳優が吐いた息が入っている〟として、ビニール袋に入れて作品ごとに分けて壁一面に保管。ストレスがたまると、吸って心を落ち着かせる。

✔携帯は7台以上持つ!

週刊誌、ファッション誌、長編小説用、取材用、プライベート用など、仕事内容で携帯電話を使い分ける。複数台所有をしているが、「電話は暴力」が持論。

202号室

住人

黒島沙和

21歳・大学生

**DV彼氏との
恋愛も数式に
当てはめる数学ガール**

PROFILE

国際理工大学理学部数学科２年生。高知県出身で、親元を離れて一人暮らしをしている。趣味は数学。何事も数式に当てはめて考えるクセがあり、100点満点にしたとき、自らの容姿は93.7点と算出。友人からは、「私の前以外では言うなよ。友達消し飛ぶから」と忠告された。襲ってくる心配がないと数式で導き出された場合は、初対面の男性でも、自宅に招き入れてしまう。暴力を振るう彼氏とつき合っており、「交換殺人ゲーム」ではその男の名前を書いた。

STORY

彼氏を作りたいと考えている女子大生の沙和。得意の数学を駆使して「黒島沙和に適した男性と、交際関係を結ぶまでの計算式」を作成し、関係発展へ導こうとしていた。学園祭で声をかけられた男子大学生のあらゆる情報を数式に当てはめ、かつネットで調べた男性の気を引くポーズも実践。しかし、それを聞いた友人から「気持ちが大事だよ。素直な気持ちを」とアドバイスを受け、半信半疑で「大好き」という気持ちを声にして告白するのだった。

考察FILE ここが怪しい！

✓ネットで調べた恋愛テクを実行！

ほぼ初対面の男性を前に、ネットで調べた恋愛テクを実践。唇に指を当て、潤んだ瞳で上目づかい。さらに手を握って「おつき合いしてくれませんか」と迫った。

✓数式がびっしり！部屋のホワイトボード

部屋にあるホワイトボードには数式がびっしり。ターゲットの男性の情報をSNS等で調べつくし、つき合うまでの道のりの正解を導き出すために何度も奮闘する。

✓料理の具材が真四角か真ん丸

肉じゃがなど、彼氏候補に振る舞った手料理は、具材が真四角、もしくは真ん丸！　それを見て「数学が好きだよね」と言われた沙和は、「美しいでしょ」とひと言。

404号室

住人

江藤祐樹

23歳・IT起業家

アプリで世界を変える夢を持つ青年起業家

PROFILE

独身。自宅をオフィスにして起業。以前は、友人と共同開発をしていたが、現在は一人でアプリ開発を行っている。evidence、commitなど、会話で英単語を使いたがる。高い意識を持つ一方で、自分の考えを否定されると暴力的になる性格。臨時住民会で真剣な話をしている際に、自身のアプリを宣伝し、翔太と二階堂から「嫌いになった」と言われた。施設に転居する際の手伝いをするなど、502の赤池幸子と仲がいい。「交換殺人ゲーム」には、不参加。

STORY

「The Mars COMPANY」のCEOとして、アプリ開発を行っている江藤は、世界中に浸透するアプリを開発すべく、奮闘する日々を送っていた。〝バイブス〟を測るアプリを思いつき、試作アプリをマンションの住民に使ってもらおうとするが、まったく相手にされない。興味を示してくれたのは、502の赤池幸子だけ。そんなとき、アプリを共同開発してきた友人が勝手にアプリ内に課金機能をつけていたことを知り、開発は暗礁に乗り上げる。

考察FILE ここが怪しい!

座右の銘は「世界をより良い場所にする」

合言葉のように唱える、Make the world better placeの言葉。しかし、「なぜ、世界をよくしたいのか」と聞かれたときには、明確に答えることはできなかった。

友人とアプリ開発会社を起業

大学在学中に意気投合した友人と起業。アプリが成功し、一緒に火星に行くことを夢見ていたが、友人の裏切りによって、コンビは解消。一人で開発を進めることに。

バイブスを測るアプリを開発

今のバイブス(雰囲気、ノリ)を入力し、世界中の人と共有できるのがウリ。401の木下あかねには、虚無の気持ちのときはどうするのかと聞かれ、返答に困る。

304号室

住人

二階堂 忍

25歳・大学院生

苦手なものが多い、
AI研究に没頭する
頭脳明晰ボーイ

PROFILE

国際理工大学でAIの研究をする大学院生。買い物お手伝いAI（試作版）を開発し、翔太のために「AI菜奈ちゃん」というアプリも作る。翔太には「どーやん」と呼ばれる。いつか役割を持たないAIを作りたいと思っている。他人が作った食べ物、他人の匂い、下の名前で呼ばれることなど、苦手なものが多い。冷蔵庫の中身のほとんどは、栄養補給のゼリー飲料。母親からは「ぶーちゃん」とも呼ばれている。「交換殺人ゲーム」には不参加。

STORY

ある日、一人暮らしをしている二階堂の部屋に、実家から母親が来訪。早々に、部屋の片づけを始め、持ってきた手料理を無理やり食べさせてくる母親に、二階堂は「邪魔しないで」と冷たく接してしまう。それに対し、母親はベトナム料理の「トムハップヌックズア」を作ると張り切り、気にするそぶりすらない。しかし、じつは、二階堂が自分を嫌っているのではと心配しているのだった。そんな母親に二階堂が作ったAIは、思いがけない言葉をかける。

考察FILE ここが怪しい！

最も苦手なものは、実の母親！

マイペースで強引なところがある母・二階堂万里子が世界で一番苦手。万里子は嗅覚が鋭く、忍の部屋のソファに残る女性の匂いを嗅ぎつけて、恋人の存在を疑う。

開発中のAIの名は「マママリコ（仮）」

スーパーマーケットでの運用を想定して試作中の買い物お手伝いAI。料理名を伝えると、必要な材料と作り方を教えてくれる。ネーミングは母親の名前が由来。

空手が得意！

ふだんは、強さを隠しているが、じつは母親の影響で空手を嗜む。母親が突然繰り出した突きにも素早く対応し、ミットに向かって見事な回し蹴りをお見舞いした。

204号室

住人

西村 淳

38歳・外食チェーン会社の社長

**麻雀好きの
謎多き
会社経営者**

PROFILE

独身。小規模の外食チェーンを展開する会社の社長。飲食店の出店、撤退を繰り返している。従業員の名前を覚えられない。ドライな経営者に見えて、じつは小心者の一面があり、つかみどころがないため、203のシンイーは〝毀誉褒貶〟の人だと称する。元管理人・床島から、お詫びの品として麻雀マットを贈られたことがあり、麻雀アプリにもハマっている。また、部屋の中心に置いてある水槽では、クラゲを飼っている。「交換殺人ゲーム」には、不参加。

STORY

西村が経営する新しい飲食店でアルバイトをすることになった201の妹尾あいり、柿沼遼、203のシンイーは、新店舗のメニュー作りのために204に呼び出される。そこへ、急にクビを切られ、「人生を返せ」と怒鳴り込んできた、西村が過去に経営していた店舗の元店長。誠意のない対応をする西村に、元店長は一家心中をすると迫る。それに対し、突然、声を震わせながら、自ら命を絶つことを止める西村。急変した西村に、何があったのか。

考察FILE ここが怪しい!

✓迷信に左右される

麻雀アプリで〝九蓮宝燈〟という珍しい役で上がったという西村。「あまりに珍しすぎて、(この役で)上がった人間は死ぬと言われてんだよ」と震え上がる。

✓昔の従業員に恨まれている!

成功したら店を出すという約束を反故にされ、急にクビにされたと訴える元店長が部屋に乱入。西村は、お金で解決しようと試みて、火に油を注ぐことに。

✓「タピオカ入りセンブリ茶」を考案

イタリアと日本で何年も修業してきたイタリアンのシェフを店長に抜擢し、タピオカ入りセンブリ茶の店をオープン。ブームに乗って儲かったが、既に閉店。

住人

南 雅和

50歳・芸人

努力を重ねても
笑顔が作れない
崖っぷち中年芸人

PROFILE

お笑い芸人。芸名は「南☆サザンクロス」。〝事故物件住んでみた芸人〟として、凄惨な殺人事件が起きた502に入居。動画配信も行っているが、管理人・蓬田に「南さんって、ちゃんと芸人やってるんすね」と言われてしまうほど、芸人としての実績がない。笑顔が苦手で、出るのは愛想笑いだけ。『扉の向こう』では、売れない自分を捨てて妻と娘は出て行き、どこにいるかわからないと話しているが、本編では、黒島沙和に娘が殺されていたことがわかる。

STORY

南は、たびたびマネージャーの遊佐から「笑えない」と指摘されている売れない芸人。あるとき、本気で売れるためには、売れている人を見習うべきだと、人気YouTuberが行っているようなチャレンジ企画の動画を撮影することを強く提案され、その勢いに押されて、動画撮影を始めることになる。しかし、どんなチャレンジをしても南自身から笑顔が出てこない。「本気で人を笑わせようと思っていますか？」と怒る遊佐に、南が出した答えは…。

考察FILE ここが怪しい！

✓リアクション芸に果敢に挑戦！

「南のサザンクロスチャレンジ」と題して、炭酸飲料や激辛ソースの一気飲み、大食いなどの子供向け企画を撮影する。だが、いずれもリアクションが薄く、失敗に終わる。

✓年下マネージャーは出川哲朗のファン

担当マネージャーは、南に出川哲朗のようなリアクションを要求。あの人は天才だから無理だと言う南に対し、見た目の雰囲気が似ているからと後押しする。

✓不気味すぎる笑顔メイク！

マネージャーが部屋を訪れると、静かな部屋でカメラの前に座っていた南。顔にピエロのような笑顔を描いて、泣きながら必死に動画を撮影しているのだった。

501号室

住人

佐野 豪

42歳・氷彫刻家

友達はワニ。口数が少ない不器用なイケメン

PROFILE

　友人から「ワニを飼っているなんてアーティストっぽい」と言われて押しつけられたワニを部屋で飼育している。ワニの名前は本山幹子。その存在は、管理人および住民には秘密だが、悪臭がする、鳥を絞め殺すような声がするなど、苦情がたびたび発生。また、大きな保冷ボックス（中身は餌の肉）を持ち帰る姿も目撃される。人づき合いが苦手で誤解されやすいが、ワニの〝幹子さん〟いわく、笑顔が似合うナイスガイ。「交換殺人ゲーム」には、不参加。

STORY

　佐野がペットとして飼っているワニの本山幹子のストーリー。今日も好物の肉を持って帰ってくるご主人様の帰宅を心待ちにしていた幹子さん。肉を口に運んでくれながら、「美味しいでしょ？」と声をかけてくれるやさしいご主人様が大好きだ。だから、ご主人様が若い女の子を部屋に連れてきた日は複雑な気持ちに。日を追うごとに、〝食べてしまいたいくらい好き〟という気持ちが溢れ、好物の肉も欲しくなくなる幹子さん。そして、ついに思いを抑えきれず…。

考察FILE ここが怪しい！

✓幹子さんを溺愛！

大好物の肉をうれしそうに食べさせてあげるなど、幹子を溺愛している。気を許しすぎて噛まれてしまうこともあるが、それでも「食べちゃダメでしょ～」と甘い対応。

✓ゴスロリ娘に振られる!?

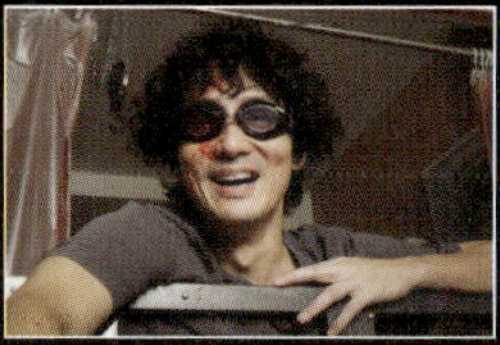

爬虫類ショップで知り合った女の子を部屋に連れてくるが、幹子さんを見た途端、悲鳴を上げて拒絶。さらに、佐野がワニと会話している姿にドン引き！

✓ワニと会話ができる！

ストレスが頂点に達すると、幹子さんの前で大の字に横たわり、大きな声を出して発散することも。慰めてくれていることがわかると「やさしいな～」と涙目に。

住人

田宮淳一郎

58歳・エリート銀行員→劇団員

妻・君子

55歳・主婦、カルチャーセンターの講師

徹頭徹尾、真面目一徹の夫と、彼を支え続ける妻

PROFILE

淳一郎は、元エリート銀行員。銀行員時代は、大手5紙に加え、新聞は地方紙、スポーツ紙まですべて朝刊、夕刊ともに目を通していた。「交換殺人ゲーム」では、自身を退職に追い込んだ部下の名前を書く。早期退職後は、小劇団「満員on礼」に入り、稽古場を自腹で購入。さらに、同じ劇団員と恋に落ちる。妻の君子は、銀行員時代から不器用な夫を支え、叱咤激励する頼もしい存在。スマホには、淳一郎を「♥旦那さま♥」の名前で登録している。

STORY

部下からありもしないパワハラを会社に訴えられ、早期退職を余儀なくされた〝清く正しく大真面目〟な銀行員の淳一郎。妻の君子は、退職後の夫の変化を心配する一方、2人で過ごす第二の人生に期待していた。そこで君子は、「仕事以外に熱中できるものを」と進言し、淳一郎は劇団に入団することに。元来の生真面目さで演劇の世界にのめり込む淳一郎だったが、別の女性にものめり込んでいることが発覚し…。妻目線で捉えた一部始終。

考察FILE ここが怪しい!

妻はカルチャーセンターの体操講師

カルチャーセンターで高齢者に向けた体操教室を開いている君子。新しい体操を淳一郎と試そうとするが、真面目一徹の夫から、細かすぎる指摘を受けて愕然とする。

自宅での演技練習も大真面目!

役作りのために、自宅で居酒屋店員になりきって君子に接する淳一郎。さらに深く店員像をつかむために、近所の居酒屋をいくつかハシゴして研究したいと提案する。

意味深な〝自分はマトリョーシカだ〟発言

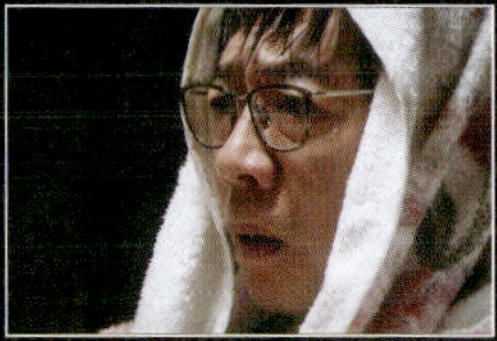

ある日、妻が帰宅すると、リビングで布団をかぶり佇む淳一郎が。そして、自分はマトリョーシカのような人間だが、最後の1個まで同じだと思うかと妻に尋ねる。

番外編

過去の扉 前編

黒島沙和

内なる異常性に悩みながら〝普通〟を求めた高校時代

STORY

なぜ、黒島沙和は狂気の殺人を繰り返したのか。その謎に迫るべく、本編放送終了後に「Hulu」で配信された、黒島の高校時代を描いたサイドストーリー。舞台は、「キウンクエ蔵前」で連続殺人事件が起こる5年前の高知県。高校に通う黒島は、両親と3人で暮らしていた。成績優秀だが、両親からは、〝ボーッとしていることが多い子〟と言われるような地味な、女子高生だった。ある朝、黒島は、登校中に幼い女の子が目の前で転ぶところを目撃。泣いているその子を絞首するという妄想に支配され、その恐ろしい幻影から逃れようと、赤信号の横断歩道を渡ろうとしてトラックにはねられてしまう。事故の理由を、ボーッとしていたからだと話す黒島に、普通はそんなことはしないと言う両親。黒島は自分が普通の子ではないのではという思いを、密かに抱えていた…。その後も、友人の頭を石で殴る妄想などが起こり、脳に異常があるのではないかと医師に相談するが、特に異常はないと言われる。そんな黒島が唯一心を許したのが、医大生であり、家庭教師の松井瑛士だった。脳のCT画像を見た松井は、黒島の脳の異常さを指摘し、両親に相談しようと持ち掛けるが、黒島はかたくなに拒否。「普通になりたい」と松井に助けを求めるのだった。

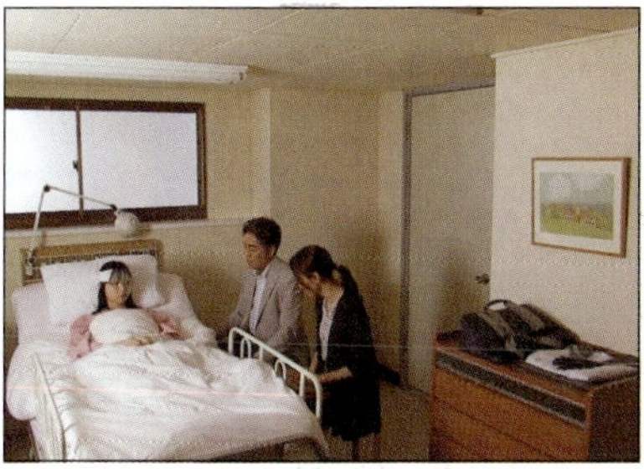

階段からの落下や交通事故を繰り返しても、娘を普通の子として扱う両親に対し「何もわかってない」と距離を置く黒島。しかし、娘の話を盗み聞きするなど、じつは両親も何かを知っている…!?

松井は、真面目でやさしい青年。黒島のことを妹のようにかわいがり、脳の異常について教授や友人に相談していたという。その献身ぶりが黒島の凶暴性にどう影響を与えるのか…。

番外編

過去の扉 後編

黒島沙和

女の子を惨殺して目覚めてしまった黒島の狂気

STORY

自分が普通でないことを悟った黒島は、無自覚に巻き起こる狂乱を制御するため、数学に没頭するようになっていた。そんな黒島の様子を見て、母親は病院へ行くべきか悩んだが、娘の〝普通でない行動〟は、思春期のせいだと考える夫に止められる。一方、普通の子になりたいと願う黒島は、ある日、いじめられている男子高校生・内山達生と出会う。普通の人なら助けるはずだと感じて彼を助けるが、その行為を家庭教師の松井から、人助けはいいことだが、〝普通はできないこと〟だと言われ、結局、うまく〝普通〟を演じきれていないのだとの思いに。それを引き金に、松井に暴力的な行為をしたいという強迫的妄想に襲われる黒島。松井を残して、家を飛び出し、その狂気を台風が接近する大雨の中で出会った見知らぬ女の子（本編の最終話で明かされた502の南の娘）に向けてしまう。それから２年。何事もなかったかのように松井を海辺に誘った黒島は、台風の日に女の子を殺めたこと、殺人は快楽であり、その衝動を抑えきれないことを告白。殺人は楽しいことであるから、女の子にも笑ってほしかったと話す黒島に、松井は「狂っている」と言いながら、自首を勧める。そんな松井を道連れに、黒島は崖から飛び降りるのだが、一人生き残る。

イジメから助けられたことをきっかけに、内山は黒島を特別視するようになる。黒島の凶暴な側面が露わになったときでさえ、「あなたのせいで死んでしもうても大丈夫です」と伝えるまでに。

物語の最後は、「キウンクエ蔵前」の事件後の黒島の姿が。402の榎本総一に「私は、私の生きたいように生きました。あなたもあなたの生きたいように、生きていい」という手紙を残したことが発覚する。

番外編

真犯人・黒島沙和 明かされた秘密

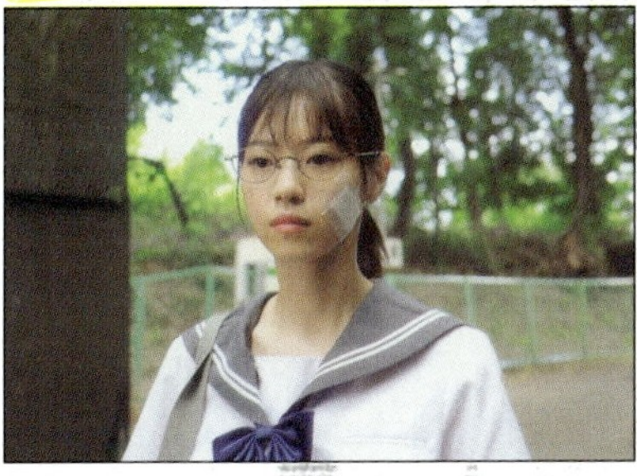

両親の前で演じ続けた〝やさしい普通の子〟

「普通に育ってくれればそれでいい」と言われて育った黒島。彼女にとって、両親のその言葉は〝暴力〟でしかなかったが、自分が普通でないことで両親が悲しみ、家庭が壊れることを恐れて、ずっと普通の女の子を演じていた。「キウンクエ蔵前」の一連の事件後の取材でも、両親は「なんかの間違いです」、「あんなにひどいことできるわけがない」と答える。

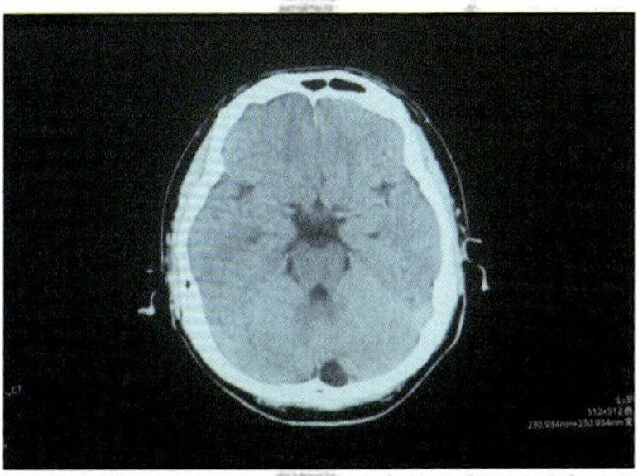

〝サイコパス〟と酷似していた黒島の脳

医師からは特に問題はないと言われた黒島の脳のCT画像だが、自分の脳に異常があるのではないかと思った黒島は、家庭教師の松井に相談。「反社会性パーソナリティとか、いくつかの精神疾患の人の脳に似ている。サイコパスと呼ばれている人とか…」と告げられる。それを聞いた黒島は、「私、それです」と隠していた心の闇を打ち明けた。

家庭教師を巻き添えに、崖から心中！

普通の子として生きることに限界を覚えた黒島。家庭教師の松井に、自分が楽しかったのは、人を殺したときだけだと衝撃の告白をする。これを聞いた松井は自首して罪を償うことを忠告。それに対して黒島は、自分は消えたほうがいい存在だと語り、「1人殺したくらいじゃ、死刑にならん」と言って松井に抱きつき、一緒に崖から飛び降りる。

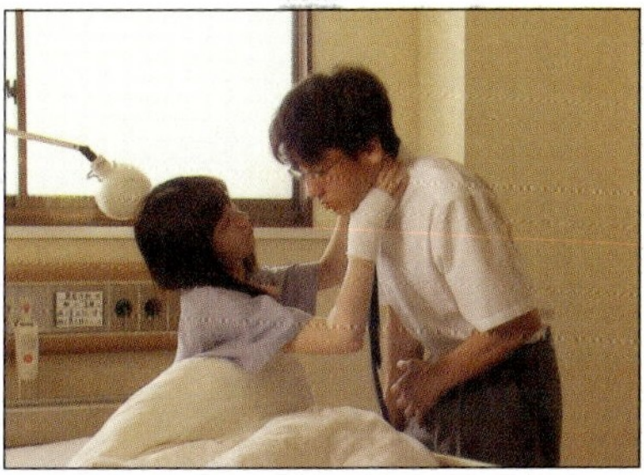

ストーカー・内山に連続殺人を予告!?

崖から飛び降り、一人生き残った黒島のもとを訪れた内山。事件の日が、牡羊座のラッキーデーだったから生き残れたのではと伝える。そんな内山に対し、本性をさらけ出す黒島。内山に笑顔を強要し、「これから私がやることを楽しんでほしい」と、その後の事件を予期させるような笑みを見せた。内山が黒島のストーカーとなるきっかけに。

幽霊が出る物件はレア 人間のほうが怖い

番組の企画で事故物件に住み始めたタニシだが、この7年間で9軒ものワケあり物件を経験。

「最初は北野誠さんの番組の企画で『大阪殺人事故物件』で検索して、トップに出てきた物件に住んだんです。そこがとんでもないマンションで…。先ほども少し話したのですが、殺人事件が起こった物件で、10階建てのうち上の3フロアは完全封鎖。1階は元々部屋があった形跡があるのに、ぶち抜かれて駐輪場になっていたんです。しかもそこは壁一面が鏡張りになっていて、髪の毛が散乱していたこともありましたね。最初は住むことに無茶苦茶抵抗がありましたけど、しばらく住んでいると、たくさん人が亡くなっているのにはなにかしらの理由があることがわかったりして。それこそミステリーの謎を解いていくような生活になっていって、推理する魅力にハマっていった気がします。今までで一番怖かったのは、昼間に玄関のドアノブがガチャガチャと鳴ったことがあったんです。そこは息子に殺された女性が住んでいた部屋なんですが、息子は精神鑑定の結果、不起訴になっていたので、息子が帰ってきた可能性もあったわけで…。幽霊なら全然ウエルカムなのでカメラを構えてすぐに玄関を開けるけど、人だったら怖いなと。まぁ、幽霊が出る物件というのはレア。人間のほうがよっぽど怖いですし、超常現象が起きると『こんなことが起こる世界があるのか』と希望が湧きます」

そんな変わった思考の持主であるタニシが「終の棲家」にしたい物件は？

「〝質〟のよい幽霊が出る物件に住みたい。幽霊だらけのマンションがあったとして、自分が死んでそちら側の住人になったら、たくさんお化けがいたほうが死んだ後に仲よくできるのかなって。でも、性格悪いお化けもいるか…。そうしたらやっぱり、お寺とかのほうが質よさそう」

松原タニシ

まつばら・たにし　1982年4月28日生まれ、兵庫県出身。〝事故物件住みます芸人〟として事故物件に住み、日常で発生する心霊現象を検証している。著書『事故物件怪談　恐い間取り』(二見書房)の映画化が決定。

事故物件住みます芸人

松原タニシ

＃証言

物件考察

殺人や自殺で負の価値がついた〝事故物件〟は家探しで真っ先に外したいが、芸人やYouTuberには〝ネタ〟になることも。今回は実際に事故物件に住む芸人・松原タニシに話を聞いた。

キウンクエ蔵前は アットホームな事故物件

赤池夫妻が惨殺された502号室に〝事故物件住んでみた芸人〟として居住する南サザンクロスと同じく、ワケあり物件を棲家とするお笑い芸人・松原タニシ。〝事故物件のプロ〟ともいうべき彼に、キウンクエ蔵前について直撃。こんなにも連鎖的に事件や問題が起きる物件は、実在するのだろうか？

「都市伝説的な部分もありますが、人が立て続けに自殺してしまった地域というのは実際にあります。関西地方のある場所なのですが、1週間に1人、合計7人の方が立て続けに亡くなるということが起こり、僕も実際に取材しましたね。また、最初に住んだワケありのマンションでも、殺人事件が起こったことでどんどんと住人が退居してしまったことも。その物件は上のほうの階が封鎖されていたりと、謎な部分が多かったのですが…そういう場所は、元々の治安があまりよくないことに加えて、『犯人が捕まっていなくて不安』『犯人が近くにいるかもしれない』という不穏な空気が流れているんですよね。自分自身も人とすれ違うと『あの人、犯人じゃないか？』って疑っちゃったり。そう思うと、キウンクエ蔵前は住人同士のコミュニケーションが活発なので、ある意味すごくアットホームな事故物件なんだと思います（笑）。こんな物件なかなかないですよ。ワケありな場所ってやっぱり住人同士が目をそらしちゃうというか、（同じ場所に住む）人が死んでいるということを忘れたいんですよね。話題にも出さないと思います。特に僕の場合、近隣住民は僕が亡くなった住人の部屋に住んでいることを知っているので、避けられてしまうんですが」

そんなアットホームな事故物件・キウンクエ蔵前、タニシにとっては格好のネタになりそうだが…。

「もし住んだとしたら、〝殺され待ち配信〟をしたいですね。部屋に定点カメラをつけて、ドアの鍵も開けておいて、犯人がリアルタイムで殺しに来るかもしれないスリルを味わう生中継みたいな…。『次は僕の番かもしれません。見ているみなさんにも見守っていただきたいです』って視聴者に呼び掛けたりして。ただ、これだけの人が亡くなっているので…犯人が捕まるまでは、自分で家賃を払ってまでは住みたくはないかな。キウンクエ蔵前は立地や広さから推測すると、事故物件だとしても家賃が結構高そうですよね。ワケありでも高い物件に住めるなんて、貴族の遊び（笑）。にしても、こんなにも悪い意味で有名になってしまったキウンクエ蔵前は、名前を変えて民泊に利用される可能性もありそうです」

企画・原案

秋元康

Inside story

対談

脚本

福原充則

〝考察ブーム〟を世に浸透させ話題を呼んだ『あなたの番です』のブレーン対談！
大ヒット作が生まれたきっかけやキャラクター、俳優たちへの思い、巷のブームをどう感じていたのか…。意外と知られていない背景が明かされる。

誰もが持っている他人への気持ちそれと住民会を合わせて誕生

2019年の流行語大賞にもノミネートされ、社会現象になった『あなたの番です』。きっかけは、秋元康の何気ない日常にあったという。

秋元　僕自身が、以前マンションの入居者が集まる〝住民会〟に出席したことがあって、それがとても不思議で面白かったんです。職業も年齢も何もかもが違う人たちが同じマンションに住んでいるというだけで集まって、あーだこーだと言っている。こんなところで何か起きたら面白いなというのがあって、思いついたのがたまたま〝交換殺人〟だった。

〝住民会で交換殺人〟という突拍子もない発想に、〝誰にでも消えてほしい人がいる〟というテーマが加わり、『あなたの番です』が誕生した。

秋元　実際に手を下す人はいないけれど、いつの時代でも死んでほしい人がいるとか、あいつがいなければいいのにという気持ちはみんなどこかにあるんじゃないかというのが企画意図。それがこの物語を生み出すヒントになったと思います。

福原　僕はこのお話をいただいて、共感を得られるテーマだと思いました。現実ではしたくてもできないことをやれるのがフィクションですから。「いろんな種類の嫌いなヤツを殺せるドラマになる！」ってワクワクしました（笑）。

秋元　最初は1クールの予定でしたが、日本テレビの編成から2クールでという話が来て。その前に参加したドラマ『愛してたって、秘密はある。』（2017年・日本テレビ系）が後半にいくにつれてどんどん物語が盛り上がっていったのに10話で終わってしまったから、2クールあったらいいんじゃないかという話はありました。

福原　2クールだからこそ描けたことも多かったです。脱線しても時間をかけて本線に戻れる。10話だったらダメだったかもしれない（笑）。アイデアもたくさん…、自分じゃ到底思いつかないものばかりで、ちょっと落ち込むぐらいたくさんもらえましたし。もちろん大変なところもありましたが。

秋元　だんだん辻褄が合わなくなってくる。それを合わせるのが本当に大変で（笑）。伏線を張る班と回収班がいて、それをプロデューサーが管理して…。

福原　僕はエクセルで管理していました。頭の中だけでは整理しきれない量だったので。でもほぼ回収できたと思います。

秋元　2つくらい回収できていないよね。それがどこなのかを見つけてもらいましょう。

秋元のアイデアを福原が脚本に落とし込んでいく。特に主要人物だけでも30人ほどいる本作は、キャラクターの書き分けも大変だった。

秋元　プロデューサーと打ち合わせをして、こういうキャラクターが面白いよねという話をして、それを福原くんと揉んでくれて。その書き分けが本当にすごかった。キャラクター作りの上手さというか。

福原　ギャグも多かったですけどね。

秋元　途中から脚本にどんどんギャグが増えてきて。これは飽きているなって（笑）。本線に戻らなければいけないのはわかっているんだろうけど、そっち側が面白くなって、僕とか出演者を笑わせようとしてるな、と。本当に面白かったですね。だけど、視聴者がドキドキして怖がっているときに、このギャグはいらないんじゃない？って、プロデューサーに話すこともあったんですが、完成した台本を見ていると消えてなかった。

福原　ありがたいことに半分くらいは残していただきましたね。

秋元　福原くんのすごさは、ギャグだけでなく、菜奈と翔太とか、ロマンチックなところをきちんと描けるところ。見ている人が、ああわかるなっていうシーンを描ける人はなかなかいない。

福原　〝大抵の物事の動機は、恋や愛で動いている〟と考えるタイプなんで。恋愛って誰もがしたことがあるので、少し過剰にしてもわかってもらえる。そうやってデフォルメして生まれたのが、2人のラブラブシーンですね。

秋元　1話で夕陽を見ながら翔太が菜奈に「何度生まれ変わっても何回でも恋に落ちる」と言うでしょ。こんな素敵な言葉がまさか福原くんから出てくるとは思わなくって。グッときました。

福原　僕、こう見えても意外と〝ロマンチスト〟って言われるんです（笑）。

芸達者な役者たちが 個性派キャラの魅力を倍増させた

原田知世＆田中圭の年の差カップルをはじめ、登場人物のキャスティングも魅力的だった。

秋元　最初は15歳の年の差ってどうなの？と言われたんですけど、僕がそこは強硬に推し進めて。ただ、企画者がそう言っても形になったときに不自然だったとなるのはよくある話なんですが、そこは福原くんがちゃんと不自然じゃなく、なるほどと思わせるような脚本に仕上げてくれた。

福原　じつは年の差ってことをあまり考えず、〝何か枷のある2人〟ってシンプルに考えました。周りからは〝異質〟と思われるようなものを背負うと、当事者たちはより強く結びつき、「恥ずかしいセリフも言うよな」って（笑）。それは年齢でなく、性別でもなんでもよかったんです。

秋元　原田さんの佇まいも素晴らしかった。あ

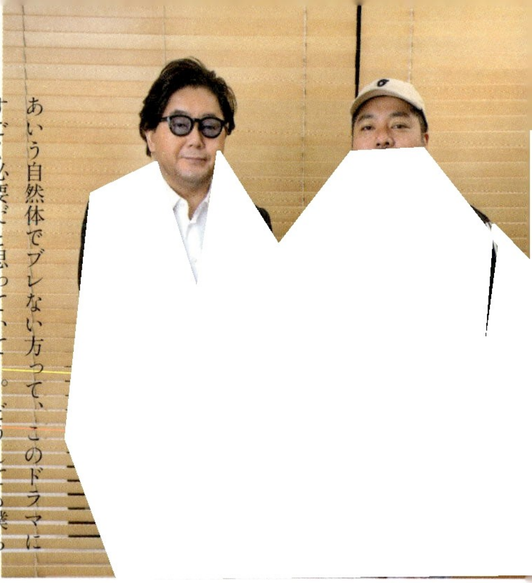

あいう自然体でブレない方って、このドラマにすごく必要だと思っていて…。どうしても僕らは作品を作っていると、失礼な言い方をすると、〝動物園的〟なキャラクターになってしまうんです。登場人物を全部面白くしたくなるというか。だから原田さんみたいなホッとする存在が欲しかった。このドラマのおおもとを決めたのは原田さんだと思います。

福原　田中さんもすごかった。僕が言うのもなんですが、「よくやるな」って（笑）。

秋元　初めのころは、ネットで〝イラつく〟なんて書かれていたりして。でもあれでキャラクターが決まって忘れられない味になったし、結局、年下の男の子にあんな風に言われたいという女性が増えていった。

福原　台本以上に天真爛漫というか。言葉は悪いけど〝バカ〟だなって。でも、バカさにリアリティがある。

秋元　大好きな人の元夫であるアニキ（細川朝男）を抱きしめちゃうんだから（笑）。あれは面白かった。あと座長として、主役なんだけどスター然としていないところも魅力的だった。

逆に物語が進むにつれてキャラクターがだんだん変わっていったのは横浜流星演じる二階堂。

秋元　何をやっても絵になって…。だんだん変わっていくのも福原くんが考えてくれたけど、想像以上にすごかったのは、回し蹴りをするシーン。空手をやっていたからこその迫力の演技だったからか、思っていた以上に長いシーンになっていた（笑）。

福原　あとはなんといっても西野さんのラスト。流れは全部決まっていたけど、黒島っていう生き物にすべてを託しました。誰にも理解されなくて倫理的にも許されないけど、〝人を殺す〟というどうしてもやめられないことがある。理解されない愛を抱えているという、なんとも難しい思いを、あまり卜書きは書かずに「殺すことが好きなの」というセリフに集約したのですが、その演技が本当によくて泣いちゃいました。僕の中で一番やってほしかったお芝居をあそこでやってくれて、すごくよかったと思っています。

秋元　黒島がただの殺人鬼になっていなかった。彼女の悲しみも理不尽さもちゃんと出ていたのは、やはり福原くんの力だと思います。

主要人物だけでなく、魅力あるサブキャラの存在も、物語に奥行きが出た理由のひとつ。

秋元　尾野ちゃんはどんどん生きてきたよね。初めから怖いですって評判になっていたけど、どんどんみんながそれ以上を求めるようになった。（緑の液体を吹きかけるシーンなど）最後のほうは、もう衝撃だった。

福原　最初はこだわりすぎな女の子くらいだったんですが、どんどん突き進んでいって。役者さんたちが2倍にも3倍にも魅力的なキャラクターにしてくれて、書いていて楽しかったです。

秋元　尾野ちゃんと細川は本当に視聴者に愛されていたなと思った。細川なんて、最後は、〝アニキいいヤツ説〟が出るほど人気になって。そういう現象も面白いなって。

福原　ちなみに僕は、早苗の夫の正志の小心ぶりが好きでした。

秋元　そこらへんがマニアックですね。

高視聴率や考察ブームは予想もしていなかった

『―反撃編』に入ってから高視聴率をマーク。ネットニュースでも毎回取り上げられるほどに。

秋元　流れが変わったのは、菜奈ちゃんが死んだ回がツイッターのトレンド世界1位になってから。でも、最終話が19・4%というのは予想もつかなかった。初めは、面白いと周りから言われるけど、視聴率に結びついていなかったし。あと普通は、ミステリーって途中から見ないけど、1クール目の最終話だけ見た人が、HuluやTVerで遡ってイッキ見できたというのも（後半の視聴率上昇に）よかったと思います。

福原　SNSの力をすごく感じました。僕は舞台をやっているので、ドラマはお客さんの顔が見えないと思っていたけれど、それは昔の話で……。今は、リアルタイムで視聴者の反応が見られて、それがすごく楽しかったです。

　ドラマを見て、ちりばめられた伏線から先々の展開を予想する〝考察〟もブームに。

秋元　なんらかの盛り上がりは欲しいと思っていたけど、まさかここまでみんなが真剣に犯人探しをするとは考えてもいなかった。考察をいろいろ見させていただいて、こういう考え方もあるんだとは思ったけど、さすがにアイデアとしては使わなかったですね。そこはみんなプライドがありましたから。ただ、〝黒島がスマホを逆に持ってた〟とか、すべてのことを見られているんだっていうことはすごく感じました。

福原　〝伏線ではないのに伏線と言われたところ〟もたくさんあって。赤池は〝赤い池〟のように血が飛び散っていたとか言われていましたが、そこはまったくの偶然。そういうことが重なっているのも面白いなと思いました。

秋元　視聴者と僕らの決定的な違いがあるとすれば、僕らは最初から交換殺人を行っているなかにシリアルキラーが紛れていることをわかって物語を作っているところ。その違いがちょっとしたズレを生み出し、より考察することが面白くなっていったんだと思います。

　〝あなたの番です〟と書かれた紙が貼られた車椅子が翔太らに向かってきて終わる衝撃的なラスト。そこにはどういう意味があったのか。

秋元　交換殺人というのは、誰に殺されても動機がわからない。この物語は交換殺人をした〝殺す側〟の人の目線で描いているけど、〝殺される側〟の人からするとどういうこと？だらけ。ある日突然、まったく知らない人に襲われる衝撃と恐怖。それがあなたの身に起こるかもしれない。そんなメッセージを残しています。

福原　誰もが誰かのことを消したいという思いを持っている以上、殺人は続きます。

秋元　ちなみにエンディングは5パターンくらい候補があったんです。尾野ちゃんが次々と殺人を犯すものとか…。我々の意見をアンカーとしてまとめる福原くんが、よく最後まで完走したなって思います。でも本人はあと10話あったらと言ってるので、テレビ小説みたいにして1年間やったほうがよかったかな。マンションももっとでかくして（笑）。

あきもと・やすし　1958年5月2日生まれ、東京都出身。作詞家。東京藝術大学客員教授。テレビドラマ・映画・CMやゲームの企画など幅広いジャンルで活躍。2019年、AI美空ひばりのために作詞した『あれから』が感動を呼ぶ。また、2020年1月、自身初、作・演出の歌舞伎公演（市川海老蔵出演）が注目された。

ふくはら・みつのり　1975年6月8日生まれ、神奈川県出身。脚本・演出家。2002年に劇団「ピチチ5（クインテット）」を旗揚げ。2018年、『あたらしいエクスプロージョン』で第62回岸田國士戯曲賞を受賞。近年は、テレビドラマの脚本から映画監督まで多岐にわたり活躍。

日本テレビプロデューサー

鈴間広枝インタビュー

常に番組が盛り上がることを考え、スタッフ&キャストに寄り添っていた鈴間広枝プロデューサー。そんな彼女が、この番組をどのように見つめていたのか。撮影当時を振り返り、撮影秘話やどのように作品が作られていったのかを語ってもらった。

〝浮田さん〟のトレンド入りで多くの人に愛されていると思った

最終回の視聴率は19・4%を記録した『あな番』。「10話まではストーリーをしっかりと決めていましたが、後半（『―反撃編』）は本当にギリギリの自転車操業で作っていました」と語るのは鈴間広枝プロデューサー。

「スタート前から、犯人、殺される人、10話まではこの話で誰が死ぬかということは決まっていました。急遽殺すことに決まったのは、刑事の神谷将人（浅香航大）くらい。彼は刑事をやめて、探偵のような役で事件を探っていく人物にしようとしていたのですが、11、12、13話で誰も死なず、14話で黒島ちゃん（西野七瀬）が死ぬかと思ったら死ななかった。少し刺激が欲しくなったので死んでもらいました（笑）。前半（第1章）は最初のプロットに近い形、後半は状況に応じて作っていったところもあります」

秋元康のアイデアを、福原充則が脚本に落とし込んで作られていった本作。

「秋元さんが面白がって出してくださったアイデアを、福原さんが想像の何倍も超えた面白いものに仕上げてくださいました。そもそも福原さんとは、今回初めてのお仕事だったのですが、人物をイキイキと描くのが得意な方という印象がありました。2クールという長い期間の脚本なので、筆力はもちろんですが、やはりキャラクター全員を掘り下げてくれる人間描写に長けている方がありがたくて…。実際、私たちの想像を超える面白いキャラクターがたくさん登場しました」

そんな面白いキャラクターをよりクセのあるものに肉づけしていったのが俳優たち。

「映像になったら脚本で読むよりさらに面白くなっていったのはさすがでした。現場で脚本を読んだ俳優さんたちがよくおっしゃっていたのが、『あの人、このシーンをどう演じるの？』と。文字として読んでいてもどうなるんだろう？というシーンも多く、ましてや演じるのが実力派の方ばかりなのでみなさん気になっていたようで…。そして放送後はかなり刺激を受けて、自分のキャラクターをより愛される面白いものにしていかれていました。そのようなうれしい相乗効果が現場にはありましたね。

このように各キャラクターを掘り下げられたのは2クールならでは。時間があるからこそ、翔太（田中圭）が菜奈ちゃん（原田知世）を亡くしてから少しずつ立ち直る姿や、二階堂（横浜流星）が恋に目覚めていくところも違和感なく描けたわけですから。物語の衝撃度だけでなく、キャラクターをしっかり描けたこともこの作品が愛されていった理由の一つだと思います」

SNSでは関連ワードがトレンド入りし、話題に。

「驚いたのは、役者さんの名前でなく、登場人物の名前が入ることが多かったことです。とくに7話終了後には、〝浮田さん〟というのがトレンド入りして…。〝家族〟の絆を確認した矢先、浮田さん（田中要次）が殺されるんですが、主人公でもない彼の名前が入ったときは、『この番組、いける！』って思いました（笑）。確かサブキャラの名前で入ったのは初めてだったかも…。それからは、トレンド入りを目指されていた役者の方もいましたね（笑）。そして9話の予告での早苗さん（木村多江）の豹変ぶりが大きな話題に。最終回近くは、ありがたいことにランキング20の半分くらいは『あな番』。それも役名が多かったので、多くの人にこの作品が愛されているのだと感じました」

視聴者と作り上げた『あな番』こんな幸せな作品は初めてです

黒幕だった黒島だけでなく、意外な犯人も多かった。とくに意外だったのは、藤井淳史（片桐仁）のことを好きな看護師・桜木るり（筧美和子）。

「じつは、桜木は犯人として考えていませんでした。13話の後に参議院選挙があるために放送が1週お休みになることになったんです。そこで、13話で衝撃的な出来事を起こして、見てくださる方々を引きつけてからお休みに入りたいと考え、袴田殺しの犯人が判明する展開にしたんです。覆面を被っているところまでは既に出ていたんですが、外国人ともう一人を誰にしようって考えていて…。普通ならシンイー（金澤美穂）ですが、それじゃ面白くないってことで、女性で犯人になりうる人を考えたんです。赤池のおばあちゃん（大方斐紗子）だと面白いねという話になったんですが、急に立ち上がってアクションするのはムリがあるのでは？という話になり（笑）。なら、藤井を守るという動機もあるし、桜木がピッタリだって。筧さんにそのことを伝えたらすごくびっくりしていましたね。このように後半は、大枠は決まっているけど、どうすればより面白くなるかを考えて作っていました」

後半は時間に追われることが多く、撮影日近くになっても台本が完成していないことも。

「撮影の2、3日前に出来ることも多々ありました。本当に役者のみなさんには申し訳なかったです。ちなみに最終回なんて出来上がったのは撮影開始の前日。そんななか、西野七瀬さんにはあの長ゼリフを覚えてもらいました。私が言うのもおこがましいですが、西野さんは本当にこの作品で成長されたと思います。最初はやはり映り方とかセリフを間違えないで言うとか、余計なことが気になっていたみたいですが、ラストなんてもう圧巻。なのに放送時間が足りなくて、黒島ちゃんの独白シーンはワンセンテンスずつカットして秒数を縮めて、結構編集してしまいました。あれは本当に申し訳なかった！　DVDは完全版なので、そのあたりと見比べていただきたいです」

途中から過熱していった〝考察ブーム〟。視聴者が行った考察も作品に影響を与えたのだろうか。

「アイデアとしてはいただいていませんが、きちんと描いたつもりだったのに疑問を持たれているところや、誤解されている部分はよりわかりやすく描き直すなど、参考にさせていただくことは多かったです。リアルなみなさんの反応を受けて、少しずつわかりやすいように調整しながら作った感じですね。しかしこんなにたくさんの方の声を聞くことはなかったのでかなり新鮮でした。やはりテレビはマスメディアなので一方通行感があるんですよ。とくにドラマはこちらが作ったものを「どうぞ！」って見ていただくという度合いが強いコンテンツだと思っていたのですが、この作品に関してはみなさんと一緒に作っていると感じさせてくれました。どういうことをしたら興味を持ってくれるのか、一つ一つの仕掛けに対する反応、こんなアイデアがあったのか…など、本当にたくさんのことがSNSにあふれていて面白かったです。そうやって愛された『あな番』はすごく幸せ者だと思います。（この本を買ってくださるほど）応援してくださったみなさま、お一人お一人に、心からありがとうございます!!と言いたいです」

すずま・ひろえ　日本テレビプロデューサー。2017年放送のドラマ『愛してたって、秘密はある。』で秋元康とタッグを組み、話題に。他に『東京タラレバ娘』『サバイバル・ウェディング』なども手掛ける。

犯人&犠牲者 全リスト

大学生
黒島沙和(21)

殺害 →

- 主婦
  児嶋佳世(42)
  絞殺（内山達生が右足を切断、ゴルフバッグに入れて夫の会社に）
- 暴力団構成員
  浮田啓輔(55)
  針金で首を絞められてトイレで死亡
- 翔太の妻
  手塚菜奈(49)
  塩化カリウムで毒殺
- 主婦
  赤池美里(50)
  笑気ガスを吸入後、首を切られて死亡
- 会社員
  赤池吾朗(52)
  笑気ガスを吸入後、ナイフで首を切られて死亡
- 黒島のストーカー
  内山達生(21)
  ダーツの先に塗られた毒により死亡

黒島のストーカー
内山達生(21)

殺害 ↓

- 銀行員（田宮の元部下）
  甲野貴文(26)
  人混みの中で刺殺
- 所轄刑事
  神谷将人(26)
  両手両足とこめかみにビスを打たれ、拷問死

主婦
榎本早苗(45)

殺害 ↓

- タレント医師
  山際祐太郎(43)
  後頭部をハンマーで殴られ死亡

医師
藤井淳史(43)

殺害 ↓

- ブータン料理店店長
  田中政雄(48)
  ガスのホースを切断。タバコの火が引火し、ガス爆発

看護師
桜木るり(25)

殺害 ↓

- 俳優
  袴田吉彦(45)
  不法滞在の男２人に金属バットで撲殺

サラリーマン
久住 譲(45)

殺害 ↓

- 菜奈の夫
  細川朝男(45)
  エレベーターから転落死

元銀行員
田宮淳一郎(58)

殺害 ↓

- 黒島の恋人
  波止陽樹(21)
  石で殴打

管理人
床島比呂志(60)
自殺未遂から転落死

最終回 残された謎

全エピソードが終わってもなお明らかになっていない、いくつかの不審点。
これらの謎が解き明かされる日は来るのか？　それとも…。

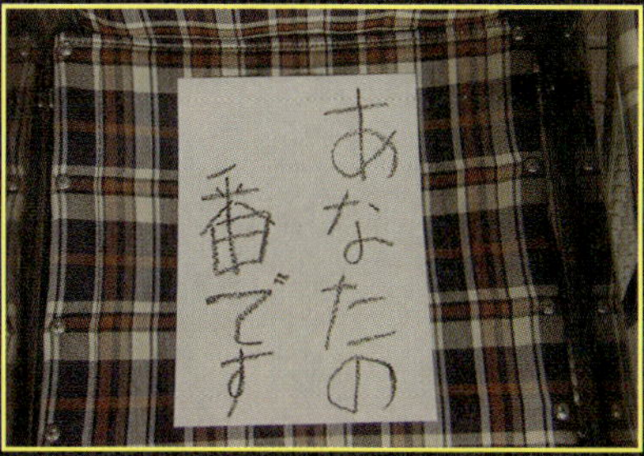

謎1
翔太と二階堂に「あなたの番です」と書いた紙がのった車椅子を送りつけたのは誰か？

謎2
赤池幸子の手を縛ってビルの屋上に連れて行ったのは誰なのか？

謎3
赤池幸子は屋上から落ちて死んだのか？

謎4
あのビルはどこなのか？

謎5
赤池幸子の世話をする江藤祐樹の目的は？

ラスト考察は、あなたの番です

STAFF

企画・原案	秋元 康
脚本	福原充則　高野水登（特別編・Hulu）
音楽	林ゆうき　橘 麻美
チーフプロデューサー	池田健司
プロデューサー	鈴間広枝　松山雅則（トータルメディアコミュニケーション）
演出	佐久間紀佳　小室直子　中茎 強（AXON）　内田秀実
制作協力	トータルメディアコミュニケーション
製作著作	日本テレビ

『あなたの番です』は日本テレビ系で2019年4月14日から9月8日までの毎週日曜の
22時30分～ 23時25分に放送されていました。現在は、Huluにて独占配信中です。

BOOK STAFF

Photographer	玉井美世子（原田知世、田中 圭、横浜流星）　今城 純（西野七瀬） 志波慎寿介（6969b、松原タニシ）　福田ヨシツグ（奈緒、秋元 康×福原充則）
Stylist	藤川智美（原田知世）　山本隆司（田中 圭） 塚田綾子（西野七瀬）　伊藤省吾（横浜流星）　岡本純子（奈緒）
Hair&Make	藤川智美（原田知世）　岩根あやの（田中 圭） 吉川陽子（西野七瀬）　永瀬多壱（横浜流星）　つばきち（奈緒）
Designer	菅原 慧、小川順子、武藤将也、中野 潤（NO DESIGN）
Writer	玉置晴子　上野武留　牧野洋平
Editor	小川まなぶ 田島太陽、龍見咲希（BLOCKBUSTER）
Publishing Producer	将口真明　飯田和弘（日本テレビ）
撮影協力	Royal Hotel 長野　AWABEES
Special Thanks	恒吉竹成（ノックス）　秋元伸介　Y&N Brothers　赤堀正子（鍋レシピ） Hulu

もっと知りたい！
あなたの番です オフィシャル考察ブック

2020年3月10日　初版第1刷発行

日本テレビ編
光文社エンタテインメント編集部

発行人　青木宏行
発行所　株式会社 光文社
〒112-8011
東京都文京区音羽1-16-6
編集部　03-5395-8271
書籍販売部　03-5395-8116
業務部　03-5395-8128
印刷・製本所　凸版印刷株式会社

ISBN978-4-334-95144-3